JN086241

保育ナビ
ブック

研修アドバイザーと共に創る

新しい
園内研修の
かたち

秋田喜代美／編著

フレーベル館

は じ め に

　「こどもまんなか社会」の実現のためには、子ども、子どもにかかわる人々のwell-beingを保障し、子どもたちが遊び、くらし、住まう園やまちが、子どもにとって居心地の良い幸せな場であり続けられることが必要になります。園は乳幼児期の子どもたちにとってその中心となる場です。

　園の保育の質はチームとしての園のありようによって変わります。そして子ども目線でどうだろうかと、時には外部の人の見方を入れ、風通しを良くすることで、これからの保育への見通しもよりはっきりと見えてくるかもしれません。今、このような役割を担う人として「アドバイザー」や「スーパーバイザー」などのつなぎ手の役割が一層大切になっています。

　本書は、2020年度に月刊誌『保育ナビ』で毎月、園内研修アドバイザーの方々にお話を聴くという形式で行った連載記事に、新たな情報や考え方も加えて編み直したものです。私自身も20年以上園内研修に入れていただき、園が変化し、保育者が生き生きしていく姿に立ち会わせていただきながら、ほかの助言の先生方はどのようにされているのだろう、私自身が学ばせていただきたいという、私自身の興味・関心や学びの思いが、連載当初は強くありました。そして、園内研修のあり方についての専門家の知恵を知ることは、園や園長先生方にとっても、また、これからの園内研修に関与する自治体や養成校の人たちにとっても、おそらく何らかの役に立つに違いないと考えたものでした。

　現在、時代はポストコロナに向けて大きく変わっています。幼児教育推進体制の構築や地域の園を中心にしたネットワーク化などの中で、園をひらき、地域でつながり合い、皆で幸せになっていく協創が、園児減少の中で園児獲得競争をしなければという発想よりも大事になってきています。その中では、学び上手な園や園長になるために、本書の12名の先生方の知恵が役立つのではと考え、私の考えをまとめ直しました。その折には、長年においてアドバイザーをされてきている助言の名人、大竹節子先生と大豆生田啓友先生のお力もさらにお借りしました。

　この本の中では12名の多様性やネットワークの多様性を示しています。「うちの園なら」と自分事になるページとの出会いがありますことを、著者として願っております。

　本書が、園の内部、外部の人が賢く、親密につながり合うことで園がもっと豊かになるための一助になりましたら幸いです。

2023年7月

秋田喜代美

もくじ

第1章

園内研修とは何か？

保育の質を向上させようとすれば、自園の「園内研修」を
充実させる方法を考える必要があります。
まずここでは、保育の質向上と園内研修の関係について、
また、そこに研修アドバイザーが加わることの意味について考えます。

保育者の専門性と
保育の質向上を支える園内研修

研修については、幼稚園・認定こども園と保育所では法的には位置づけが異なっています。

幼稚園教諭と保育教諭には、研修を行う責務があることが『教育基本法』第9条で決められていますが、保育所にはこうした法的な責務はありません。しかし、『保育所保育指針』第5章では「各職員は、自己評価に基づく課題等を踏まえ、保育所内外の研修等を通じて、保育士・看護師・調理員・栄養士等、それぞれの職務内容に応じた専門性を高めるため、必要な知識及び技術の修得、維持及び向上に努めなければならない。」とされています。そして「施設長は、保育所の全体的な計画や、各職員の研修の必要性等を踏まえて、体系的・計画的な研修機会を確保するとともに、職員の勤務体制の工夫等により、職員が計画的に研修等に参加し、その専門性の向上が図られるよう努めなければならない。」とし、「職員が日々の保育実践を通じて、必要な知識及び技術の修得、維持及び向上を図るとともに、保育の課題等への共通理解や協働性を高め、保育所全体としての保育の質の向上を図っていくためには、日常的に職員同士が主体的に学び合う姿勢と環境が重要であり、職場内での研修の充実が図られなければ

ならない。」とされています。研修は保育者の専門性の向上に直結し、それは保育の質向上のために最も重要な鍵であることが国際的にも明らかにされてきています（秋田他、2023）。

研修における学びの質が問われている

しかし実際には、多忙な業務の中でどのように時間を捻出するのか、また限られた時間だからこそ、その時間をどのように活用すれば職員が「日常的に主体的に学び合う」研修、持続的に専門性を高めていく研修（CPD：Continuous Professional Development）ができるのかが問われています。長時間保育でのシフト勤務が増えているからこそ、職員全体研修をまとめた一定時間で行うのみではなく、分散した短時間で、小人数グループでもどのようなことができるのかが問われてもきています。新たに求められる知識やスキルを学び、習得する研修だけではなく、園内研修だからこそ、園児一人ひとりを理解し、互いの保育を相互に認め合いチームとして園の保育を高めていく研修が求められています。専門家として学び合う場が、保育者にとって、意欲的に、かつ、

主体的、持続的に深く学べるためには何が必要なのでしょうか。

研修の方法等を紹介する雑誌や書籍は数多く刊行されてきています。それだけ保育者自身の主体的、対話的で深い学びのための研修の質が問われていると言えます。

筆者らの研究チームは、コロナ前ですが、1,570名の保育者にご協力いただいて、これまでに「心に残った話し合いや保育への理解が深まったのはどのような研修か」を調査しました。その結果、挙がってきた回答が10ページのようなものでした。（淀川他、2019）

▌外部講師・助言者に具体的に求められる役割

園内研修の内実がよくわかっていないのと同じくらい、10ページの表でも挙げられている外部講師が園内研修でどのような役割を担っているのかも、まだ十分には明らかにはなっていません。外部講師が「日々の保育の良さを認める」「新たな知識を提供したり、保育へのコメントを行う」とは、具体的にどのように行われているのでしょうか。10ページの表で職員が「A. 互いを知り、認め合う」「B.

一緒に考え、語り合う」「C. 保育を振り返り、学ぶ」「D. 保育への意欲」を高めるための場づくりや対話を研修アドバイザーはどのように支援しているのでしょうか。園は、地域の保育や教育、子育て・子育ち支援のセンターとしての役割や機能を担うことが求められてきています。アドバイザーやコーディネーターが各地域で設置されており、上手な連携が求められてきています。

そこで、これまで個人芸的に行われている園内研修の匠の技を解明することが、次の第2章で行われます。また、外の世界とつながったり公開したりすることで園内研修自体がネットワークを作っていくことを第3章で取り上げてみます。研修アドバイザーは、このネットワークをつなぐ担い手ともなっています。そして、こうした研修をうまく行っていくために園長に求められることを第4章で取り上げます。これまで園内研修の話は、園の中で行う研修の方法の議論が中心でした。本書では、ネットワークの時代に、園内研修はどのような広がりや深まりの可能性をもつのかを考えるための挑戦をしています。ぜひ、この挑戦を1つのアイデアにしていただけるとうれしく思います。良い仕組みづくりが持続可能な学びの場を創り出します。

「これまでの園内研修で心に残った話し合いや、保育への理解が深まった瞬間」 の特徴に関するカテゴリとその定義

上位カテゴリ	下位カテゴリ	定義
A. 互いを知り、認め合う	a-1. 同僚と一緒に交流のための活動をする	同僚同士でお互いをより良く知ったり、一緒に楽しんだりするためのレクリエーション等を行う
	a-2. 同僚の良いところを認める・認められる	同僚の良さや得意なことを認める、認められる
	a-3. 保育を認める・認められる	互いの保育の良さを認める、認められる
B. 一緒に考え、語り合う	b-1. 同僚と一緒に教材研究をする	保育で用いるものや行う遊び等について、同僚と一緒に学んだり、考えたりする
	b-2. 子どもの姿やエピソードを語り合う	自分のクラスの子どもの姿や実際のエピソードを語り合う
	b-3. 同僚間で意見や思いを出し合う	職員同士がグループや全体で、それぞれの考えや思い、意見を出し合う
	b-4. 他者の立場になって考える	ロールプレイや寸劇など、他者の立場になって演じたり考えたりする
	b-5. 同僚の意見や助言を聞く	悩みやわからないことについて、同僚から意見を聞いたり、助言をもらったりする
	b-6. 悩みを共有し、共に考える	悩みや困っていることを話し合い、共に考える
	b-7. 同僚間で共通理解をはかり、取り組む	保育や子どもに関して理解を共有し、園全体で取り組む
C. 保育を振り返り、学ぶ	c-1. 自分の保育を見直す	自らの日頃の保育を振り返り、見直す
	c-2. 自分の保育を見直し、共有する	自らの日頃の保育を振り返り、見直し、それを同僚等に共有する
	c-3. 保育を見てもらい、振り返る	ほかの同僚や外部講師などに自らの保育を見てもらい、話し合い、振り返る
	c-4. 保育を見て・聞いて、学ぶ	他者や他園の保育を見たり、保育の話を聞いたりして学ぶ
D. 保育への意欲	d-1. 保育実践への意欲（自分）	園内研修を通して、明日からの保育への意欲がわいてくる（自分の思い）
	d-2. 保育実践への意欲（園）	園内研修を通して、明日からの保育への意欲がわいてくる（職員の思い・園全体で共有された思い）
	d-3. 実践につながり、達成感がある	園内研修で考えたことや学んだことが日々の実践につながり、子どもの姿や保育の手応えとして感じられる
E. 外部講師や外部研修による学び	e-1. 外部講師から認められる	外部講師から、日頃の保育の良さを認められる
	e-2. 外部講師から学ぶ	外部講師から新たな知識を得たり、保育へのコメントをもらったりして学ぶ
	e-3. 外部研修での学びの共有	職員が外部講師で学んできたことを園内研修で共有する

【引用文献】
・秋田喜代美・小田豊（編著）上田敏丈・門田理世・鈴木正敏・中坪史典・野口隆子・箕輪潤子・椋田善之・森暢子・淀川裕美（著）2023『学びが広がる・深まる　園内研修でもっと豊かな園づくり』中央法規出版
・淀川裕美・箕輪潤子・門田理世・秋田喜代美　2019「園内研修における保育者の学びの構造化に関する試み；心に残った・保育への理解が深まった発言に着目して」東京大学大学院教育学研究科紀要,59,485-516.

第 2 章

研修アドバイザーが語る
園内研修の秘訣
～12名へのインタビューから～

秋田喜代美先生による12名の研修アドバイザーへのインタビューから、
それぞれ園内研修の方法の違いに加え、
意図やねらい、園内研修への思いなどが見えてきました。
章の最後では、インタビューから見えてきた
12名の研修アドバイザーの共通性をまとめます。

01 **無藤 隆**先生
（白梅学園大学名誉教授）

02 **岸井慶子**先生
（暁星国際流山幼稚園）

03 **岡 健**先生
（大妻女子大学）

04 **田代幸代**先生
（共立女子大学）

05 **那須信樹**先生
（中村学園大学）

06 **増田まゆみ**先生
（湘南ケアアンドエデュケーション研究所）

07 **佐藤康富**先生
（東京家政大学短期大学部）

08 **磯部裕子**先生
（宮城学院女子大学）

09 **松井剛太**先生
（香川大学）

10 **髙橋かほる** 先生
（帝京短期大学）

11 **大豆生田啓友**先生
（玉川大学）

12 **大竹節子**先生
（元東京都教職員研修センター）

インタビュー

無藤 隆先生

白梅学園大学名誉教授。文部科学省 中央教育審議会 幼児教育と小学校教育の架け橋特別委員会 委員長。『子どもの姿ベースの新しい指導計画の考え方』（共著、フレーベル館）など著書多数。

保育者が前向きになるために、エンカレッジ、エンパワーしていく

POINT

① 保育者一人ひとりの良さを認め、直してほしいところをちょっと言う。

② 継続してかかわり、インフォーマルな語らいを増やす。

③ 障害や邪魔になっているものを取り除く手助けをしていると考える。

園環境の変革を核に、一緒に園文化を形成していく

　無藤先生の園内研修へのかかわりは、45年ほど前、大学院生時代の4年間参加した、民営保育園の研修に始まります。すでに、ビデオで保育を撮って皆で語り合っていたそうです。30代からは、私立幼稚園等の研修アドバイザーもされていました。

　「8割以上は良さを認め、直してほしいところをちょっと言う」スタンスで、時には、保育者一人ひとりの保育の問題を指摘しますが、基本的には個々人については控えめに伝えるようにしているそうです。それより、園の環境や日課、スケジュール、動線や子ども同士の交流、ドキュメンテーションなど、園長や主任に考えてほしいことを示しているとのこと。そうすることで「担任がちょっと楽になる」のだそうです。それは、無藤先生自身の言葉を使うと、「かかわりの角度を広げていく感覚」ということです。

　テーマとしては、園の要望で、特定の子どもの保育や指定研修など、研修の主題が絞られている時は問題点にフォーカスしてそこを中心に見ます。しかし、あまり焦点化されていない時は、無藤先生自身の中にあるポイントをもとに、園の皆さんと一緒に考え、その園のニーズに合わせたスタンスを取っています。

研修先の園で、子どもたちの活動を保育者と一緒に参観しているところ。「変だな」「ここは良いぞ」とメモしながら考え、ポイントを拾い出し、視野を広げていった。（写真／コスモストーリー保育園・沖縄県）

　研修アドバイザーとして、ポイントを見つけ出す。その時、**「変だな」「ここは良いぞ」**などとメモし、考える。そうしていくうちに、そこでポイントを拾い出す時の視野が、45度から90度、180度と広がっていき、目の前の子どもを見ていても、横で何をやっているかや、たまたま目に入る姿や聞こえたりする声などにも、だんだん注意を広げていけるやり方が感覚的に生まれていったと、研修アドバイザーとしての技も教えてもらいました。

　そして、「研修に何回も、何年も継続してかかわることで、その園の文化に加え、記録の取り方も安定していくことから、職員が入れ替わってもこれまでに得たものが積み上がっていきます。また、インフォ

ーマルな語らいが増えていくことも、重要です。

　いきなり高いハードルを示されても、理屈ではわかっていてもどうしたらよいかわかりにくいのです。今やっている保育にすぐに組み込むのは難しくても、徐々に取り入れられ、変わっていくでしょう。自分たちを変えていこうとする姿勢の人

が管理職側にいて、そういう人物が少なくとも担任に1人はいると、少しずつ動いていきます。それを何年かかけてやっていくので、ゆとりがあるとその中で園文化が形成されていきます」とも話されます。

■園に求めること、若手研修アドバイザーに大事にしてもらいたいこと

単にほめられ認めてもらえる会やお勉強会としてではなく、「園を少しでも変えようとする問題意識をもって、なんとかしていきたいという姿勢」が大切なのだそうです。それは、研修をより良くしていこう、学ぼう、考える機会にしようという姿勢やその行動のこと。また、研修修了後、雑談する会などで親しく打ち解け、愚痴や誇りなどを聴くことにも意味があると言

われます。

また、研修アドバイザーとしては、園での素朴な観察を積み重ね、いろいろ保育を見てメモ取っていくことと、先輩の助言者についていって学ぶことが非常に大事で、そして、実践がおもしろいと思えて、リスペクトできる園の保育にかかわるべきだという指摘もありました。

無藤先生ご自身、複数の研修アドバイザーの方と一緒になる際に学ぶことが多くあり、園での実践経験がある養成校の先生の指摘や説明が、自分自身の学びにもなったそうです。

■園内研修アドバイザーの役割とは

研修アドバイザーは、役割上、先生と呼ばれますが、実際は「助ける側」であり、「保育者が前向きになるために、障害や邪魔になっているものがあれば、それを取り除きながら、エンカレッジ、エンパワーしていく役割」と語られます。上手にやっているところをリスペクトしながら、「視点」や「助言」を示すということです。

園内研修とは、研修アドバイザーがかかわることで、100点満点の保育が実現するわけではなく、どの園もいろいろな制約の下で苦労して保育している状況を理解し、分かち合いながら進めていくものなのです。

問題意識をもって園を変えようとする人が管理職側や担任にいると、少しずつ動いていく。研修アドバイザーは、苦労している保育者の状況を理解して分かち合うなかで、「視点」や「助言」を示すのが役割。（写真／コスモストーリー保育園・沖縄県）

インタビュー **02**

岸井慶子先生
（きしいけいこ）

暁星国際流山幼稚園園長。東京都公立幼稚園教諭として16年間勤務後、私立幼稚園副園長、園長を経験。短期大学、大学で保育者養成に携わり、2022年4月より現職。著書に『見えてくる子どもの世界　ビデオ記録を通して保育の魅力を探る』（ミネルヴァ書房）など。

教える人やコーチでなく、
伴走者でありたい

POINT
① 発見的でおもしろい場面を取り上げ、語り合うのが研修アドバイザーの役目。
② 楽しみながら保育を見直すことが大事。負担になる研修はやらない。
③ 研修アドバイザーは教える人ではなく、保育者と共に歩む「伴走者」。

ビデオをもとに、受講者と研修アドバイザーが語り合う研修を

　岸井先生は、保育者や主任として研修を受ける立場、園に入る研修アドバイザーに付いて受講者との間に入る中間的立場、研修アドバイザーとしての立場と、異なる立場をすべて経験してきました。

　現場経験の後、大学院に行き、研修アドバイザーに付いて園内研修に入った時から30年余りビデオを撮影し、研修についての著書も執筆されています。

　岸井先生は、自分が撮られて抵抗感のある場面は除外し、発見的でおもしろく、結論はわからないけれど、「皆で考えてみ

たい」という場面を取り上げ、共に語る研修をしています。

　現在では研修時間が限られていることもあり、マイナスの部分に焦点を当てる研修はほとんどなくなり、保育者がビデオの使用に慣れ、自分たちで撮ることも多くなってきたそうです。

　ビデオのおもしろい点は、撮った場面をいろいろな人と見て話すことが、撮る側の修行にもなること、また、撮れなかった視点や見逃した視点が話し合いの中で見えてくることだそうです。

　最初は、保育者を撮らずに子どもを撮る。そして、日頃の保育者の言い方や対処法、困った時に保育者を探す子どもの目線、保育者の呼び方等から、子どもの裏側に

ビデオを撮って、それをもとに意見を交わしていく。最初は子どもを撮っていたのが、次第に「場面」を捉えるようになる。検証すべき場面をリストアップしながら研修を進めていく。(写真／明徳土気こども園・千葉県)

映り込んでいる「場面」を捉えるようにし、段階を踏みながら語り合いを進めているそうです。

研修アドバイザーが撮り、指摘し、保育者が「さようでございますか」と受け入れるだけで終わる研修にはしないことを鉄則にしています。ビデオを撮って、研修の中休みに、どこを見ればいちばん良いかすべてピックアップして、検証すべき場面をリストにします。そして、保育者との会話の中で、「その場面なら、これがあるわよ」と、できるだけ具体的に示すことができるようにしているそうです。

園内研修のはじめの頃には、ほとんど会話のなかった園がどんどん変わってきて、「園内研修でなくても、自分たちの実践を考えられるようになりました」「こういう試みにもチャレンジするようになりました」「これをやってみたんですけど」などと、保育者の側から、新しい試みが出てくるようになるのがいちばんうれしいそうです。

保育者皆が、自分の保育を思い返す習慣をつけていくために、毎日のエピソードをスマートフォンでメモして岸井先生に送ったり、その記録を保育者同士が読み合うこともしていたそうです。記録がその日の感想だけになりがちなので、週全体を振り返り、翌週の見通しも立てながら、その日のエピソードや気づきを書いていくことを薦めています。そして「これはみんなに伝えたほうがいい」とか、「これは前と変わったところ。すごいね」などと、できるだけ記録を介して応答する話し合いを短時間でもしているそうです。

園に求めること、若手研修アドバイザーに大事にしてもらいたいこと

「構えないで、保育を見直してみようと、楽しみながら行うことが大切」という考えです。研修のやり方は1つではないので、みんなで集まって行うのが研修とのイメージをもちすぎないことも大事。保育を見つめ直し、自分たちで考え、話し合うことは数人でもできます。その場でわからないことがあってもいずれわかると考える研修が必要です。

わからないものをわかったふうにまとめ

るのが間違いのもとになるので、「わから
ないことはわからないままにしておくと、
後でわかることもあるし、まだわからな
いかもしれないが、それが保育のおもし
ろいところ」という考えです。言葉上、
整合性が取れたことが出てくるとそこで
安心しがちですが、「いつかわかるね」と
あえてまとめようとしないことです。一緒
に考えてくれる園長や主任だと、考えを
深め、探究していく保育者を育み、励ま
す体制ができます。きれいな結論、人が
聞いて間違いない結論を、滔々と話すこ
とが研修ではないと言われます。

　研修アドバイザーも、問題を指摘しよう
とか、これを保育者に伝えようと考えてビ
デオや写真で記録するのではなく、「子ど
もに見せて、教えてもらう」と考え、保育
しているつもりで、子どものおもしろいと
ころを記録するのが肝心とされます。また、
他園の研修をちょっと見せてもらうことも、
考えるきっかけになるのでおすすめです。

園内研修アドバイザーの役割とは共に歩む伴走者であること

　マラソンではコーチが「今、○秒だ」
とか、後ろからメガホンで声をかけたりし
ますが、伴走者は「あそこの角を曲がる
と海が見えてきれいよ。応援の声、聞こ
える?」とささやいたりしながら、楽しさ
で苦しさを紛らわせ、気分転換させる人
なのです。教える人やコーチでなく、「伴
走者」でありたい。長年伴走を続けてき
た岸井先生ならではの言葉の数々をいた
だいたインタビューになりました。

研修の手順
テーマ：園内環境を考える

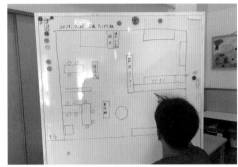

ホワイトボードに環境図を描く。

そこに自分たちで撮った写真を張って共有する。

小グループに分かれて話し合うこともある。

自分の意見をまとめて、シンポジウム形式で伝える。他者の意見も聞く。(写真／明徳土気こども園・千葉県)

インタビュー

03

岡 健先生

大妻女子大学家政学部児童学科、同大学大学院人間文化研究科人間生活科学専攻教授。専門は保育学、教育方法学、遊び論、環境構成論など。編著に『演習 保育内容「環境」』『演習 保育内容「表現」』（ともに建帛社）など。著書多数。

個々の園の実践のためにも、団体や地域全体に意識的にかかわる

POINT
❶ 研究のためではなく、自分の課題に向き合う研修にする。
❷ 保育者の学びのステップに合わせた仕掛けを準備する。
❸ 保育の「かかりつけ医」として、地域や団体との連携を意識する。

研究のための研修から自らの課題に向き合う研修へ

　（一財）全日本私立幼稚園幼児教育研究機構で、幼児教育の質向上を図る自己評価のためのECEQ®*研修システム構築に尽力し、研修アドバイザーとして全国を飛び回って活躍されている岡先生は、これまでのいろいろな園での自由な保育参観や、保育者から相談を受けた経験が今につながっていると言われます。そうした長年の経験から、時代の変化に伴って、研修では次の2つの視点が大切になってきたと考えています。

　1つは、「テーマのもち方」。園内研修や園の研究のあり方が、指定された研究主題等の研究のための研究から、自園の課題に保育者が向き合うためのものに変わる必要があると実感されています。岡先生自身、園を訪問した時には、午前中、最低でも1〜2時間は管理職層とミーティングをし、その園の保育者が抱えている課題意識や取り組みたい課題など、園の状況をアセスメントすることから始めているそうです。

　また、園内研修に行った際、保育を意図的に見ないようにしているとも。見てと言われなければ見に行かず、見に行った時のことを話題にすることはあまりないそうで、それを鉄則としています。それよりも、課題をよく聞き、継続的にかかわっ

* （一財）全日本私立幼稚園幼児教育研究機構が開発した「公開保育を活用した幼児教育の質向上システム」（通称：イーセック）。

自園の課題に保育者が向き合うための「テーマのもち方」が大切。研修アドバイザーとして課題をよく聞き、継続的にかかわってきた。（写真／社会福祉法人カナン福祉センター・香川県）

ていくなかで、園長、あるいは園長と主任の間で、具体的に、次に何をやらなければいけないのかとターゲットが見えてくることや、具体的なテーマをもって探究することのほうが大切だと考えているのです。

もう1つは、「仕掛け」を準備すること。それは、保育者側の「学びのステップに合わせた仕掛け」ということです。子どもが今、何が楽しいかがわからないと保育者は子どもの育ちを語れないので、まずはそれを知る段階を大切にします。そして、それに慣れ、子どもの育ちが語れるようになってはじめて、エピソードが書けるステップに到達します。その段階までは、ちゃんとしたエピソードは書けないので、研修でも段階ごとに適切に仕掛けを入れていくことが必要だとのこと。

そこで、事例やエピソードを求めるだけでは、若手の保育者がすぐに対応するのは難しいため、写真を使うなどして共通の土壌をつくることが大切なのだそうです。

写真は気軽に撮れ、短時間で語り合うことができるツールです。しかも、写真を撮るタイミングや撮影したたくさんの写真の中から1枚1枚選ぶ時の視点が、保育の目を鍛えることにつながります。また、**「園が変わるには時間がかかる」**ということと共に、実際、研修に長く入った園で、子どもたちがそれぞれ飽きずに遊び続けるよう変化していった例を話してくれました。

「子どもの学びが深まるのは、飽きないから。なぜ飽きないでいられるかというと、何気ない変化にしか見えないような、だれも気付かない変化に子どもは気付くことができるから」です。だから、そういう変化をよく見て、子どもをどう育てる

ことができるかがポイントで、その姿を「写真を使って語る」のだそうです。よく見ることや力の加減ができるようにならない子どもは、言葉も巧みに使えるようにはなりません。

「若くても良い保育者になりたいと思い、誠実で優しく、勤勉な人は多いものです。しかし、熱意だけで何かをするのは無理なので、管理職が考える仕掛けを園マネジメントにどう位置付けるかが鍵」になります。

若手研修アドバイザーに大事にしてもらいたいこと

なんのために園に行くのかという目的よりも、「まずはその場にいることが重要」です。「まだ園の役に立てなくても、広い意味で自分の勉強になるぐらいのつもりでいることが大切」なので、一見無駄に見えることから、実は、いろいろなことを学んでいるのだと言われます。

園内研修アドバイザーの役割とは

岡先生は「かかりつけ医」と、ある保育者から言われたそうです。それは、特定の園とじっくりかかわるだけでなく、考える人たちが増えるようにする役割を担っているからでしょう。そして、「個々の園の営みを支えるために、団体や地域全体と意識的にかかわることが必要です。現場の実践あっての、団体や自治体の役割」なのです。

また、「頑張れ」だけでなく、おもしろいから忙しくてもやろうと思える仕組みを考え、つくる役割を担うことも大切です。「かかりつけ医」としてのきめ細やかなケアと、俯瞰的視野の大切さに気付かされたインタビューでした。

研修アドバイザーは「かかりつけ医」のようなもの。すぐに園の役に立てなくても、まずはその場にいることが重要。（写真／学校法人ひじり学園・大阪府）

インタビュー **04**

田代幸代先生
（たしろゆきよ）

共立女子大学家政学部児童学科教授。研究テーマは、幼児教育・保育、教員養成。編著に『目指せ、保育記録の達人！ Learning Story+Teaching Story』、著書に『遊びが育つ保育〜ごっこ遊びを通して考える』（ともにフレーベル館）など。著書多数。

プロゴルファーに帯同する
キャディーのような役割

POINT
❶ 研修アドバイザーは、「自分が担任なら」の視点で子どもの姿を読み取る。
❷ 園の問題意識に添って意見を述べる。
❸ 写真や資料を提示して、具体的な場面を共有する。

▌学び合う研修のために
▌写真や資料を提示

　田代先生は、公立、私立、国立大学附属幼稚園での保育者、副園長、園長経験があり、現在は、養成校に勤務しています。そして、園内研修アドバイザーを15年以上続けています。

　この15年で、研修スタイルは変わり、研修アドバイザーを呼んで学ぶ研修から、研修アドバイザーも交えて学び合う形式に変化してきました。公開保育も「該当の保育者だけが学ぶ人。周りは批評する人」から、当該クラスの保育を借りて皆が学び合うようになったそうです。聞きたいこと、指導してほしいことについて、あらかじめ問いをもって参加する園も増え、研究成果のまとめ方もビジュアル化し、伝え方も上手になってきました。

　田代先生の研修は、保育者経験を活かし、「もし私が担任なら」という視点で、子どもの姿を読み取ることが特徴の1つになっています。環境のつくり方、具体的な援助のそれぞれに、「私だったら」という点を伝えることを大切にしているそうです。また、園によって、メンバー、規模、環境が異なり、当日の参加者のキャリアも違うため、園やその担任が感じている課題など、参加者がもつ問題意識に沿う形で助言しています。その園と同じ視点から見ることを心がけているのは、全く違う視点から意見を言っても、保育

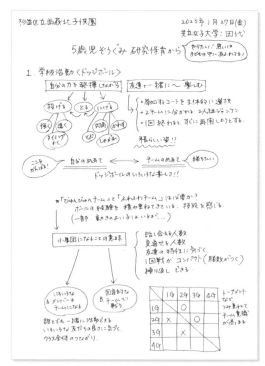

午前中の保育参観後に作成した助言資料を配布して、午後に話し合う。助言資料の中から一部抜粋。資料左は、3歳児のかかわりを検討する研究会。資料右は、5歳児の体を動かす遊びから環境や子どもの育ちを捉える研究会。(資料左／東京学芸大学附属幼稚園小金井園舎・東京都　資料右／杉並区立西荻北子供園・東京都)

者たちにはあまり響かないためです。

その園の保育者でも、自園の保育場面を全部見ているわけではありません。園全員での研修が多いこともあり、皆で状況を共有できるよう必ず写真を撮らせてもらうそうです。そして話す際に、その写真を投影し、具体的な場面を共有するようにしています。

もう1つの特徴は、午前に保育を参観し、午後、撮影した写真で具体的な場面を共有しながら話し合う際、園の保育の視点に合わせ、自分が見たことを整理した資料を配っている点です。

撮った写真を見ていくと、具体的な場面はとてもよくわかるけれど、「この子たちが○○していて……」といった状況説明が長くなりがちです。そこで、例えば子どもの思考力に注目している園ならば、子ども同士でどんな相談をし、どんなふうに考え合ったのかといった、話したいポイントをまとめた紙を用意しておくことで、研修アドバイザーも話しやすくなり、保育者にも伝わりやすくなるので、資料づくりにも工夫しているそうです。

また、はじめて訪問する園では、保育者が自分たちの良さを発見できるように、例えば、保育者間でキャリアに差がある園では付箋などのツールを使って、だれもが同じように発言できる機会づくりをするなど、それぞれの園に合わせたアプローチの方法を工夫しています。

園に求めること、若手研修アドバイザーに大事にしてもらいたいこと

園づくりでは、「園長の熱い思い」「保育をおもしろがること」「やってみる実行力」、それと「推進役をつくること」を意識してきました。例えば、「この子が、こんな場所でこんなことをしていておもしろかった」とか、「この子っていつもこんなだと聞いていたけど、違った場面があったよ」などと、自分が見つけた子どもの姿や、研究会の中で出てきた子どもの姿の新しい見方を、研修アドバイザーである田代先生自身もおもしろがって見せることで、参加者も「そういう点がおもしろいんだ」と思ってくれることがあるそうです。

その一方で、園長や主任が、研修アドバイザーに率直に悩みを開示できることが大事だと言われます。悩みを開示してもらい、研修アドバイザーが一緒に考えられると取り組みやすいからです。

そして、研究会の中で出てきたこうしてみよう、こんなことが大事という気づきに対して、「明日からどういうふうにやってみる?」と、すぐ実践してみようとする行動力が重要なのだそうです。

加えて、園ごとのオーダーメイドの研修会をつくるポイントとして、若い保育者が多く、遊び中心の保育に変えたい園には、「最初から保育者の力量やかかわり方の話をすると息苦しくなるので、物の配置やその数など、保育環境の視点から取りかかるのがよい」そうです。

園内研修アドバイザーの役割とはキャディーのようなもの

田代先生は、園内研修アドバイザーは「プロゴルファーに帯同するキャディーのような役割」だといいます。研修アドバイザーは呼ばれて話をするけれど、それを信じて実行するかどうかは、プレーヤーである保育者次第。「パットを打つのは保育者であり、ホール(穴)にコトンと入るまでに何打かかるかわからないけれど、子どもの成長につながるポイントにコトンと入ればうれしい」と話してくれました。

実践後の振り返りから子どもの表現する姿を捉えなおし、遊びから行事へとつないでいく環境や保育者の援助を考え合う研修をしている。(写真/認定こども園若草幼稚園・高知県)

インタビュー

05

那須信樹先生
なすのぶき

中村学園大学教育学部児童幼児教育学科教授。中村学園大学付属あさひ幼稚園教諭・同主任・同園長、東京家政大学子ども学部教授などを経て現職。日本保育者養成教育学会理事。厚生労働省「保育の現場・職業の魅力向上検討会」構成員等を歴任。

急ぐ必要はない。
ゆっくりと確かな変化を

POINT
❶ どんな研修をしたいのか、参加者のニーズを尊重する。
❷ 保育者同士の対話に時間を割く。
❸ 園内外における往還性を意識した研修を意識する。

「俺についてこい」から「職員の力を信じて任せる」スタイルへ

　那須先生は、養成校の附属幼稚園での教諭や園長経験、そして研修アドバイザーの経験、つまり研修を受ける側、行う側、両方の立場での経験がある方です。研修アドバイザーとして前提にあるのは、先生自身が園長だった時の経験です。園の保育者同士のコミュニケーションが十分でないと感じ、率先して研修等を工夫したことが功を奏し、職員間の意思疎通が図られるようになってきた頃、主任から、「園長先生、できれば今日は園内研修に参加しないでほしいのですが」と言われ

たことがあるそうです。

　理由を聞くと「皆、必死になってしまって、なかなか本音がしゃべれない」とのこと。頑張ってきただけに、その言葉に大きなショックを受けながらも「後で報告して」と伝えたところ、研修が終わってから、主任が生き生きとして報告に来たそうです。

　次年度の計画を自分たちで立てる内容の研修だったことも関係していたのでしょうが、それ以来、園で保育者たちが話したいテーマやどんな研修をしたいのかを尊重し、職員の力を信じて任せる参画型研修へと変化させました。この経験が、今の研修アドバイザーの経験にもつながっているそうです。

キャリアアップ研修を受講したミドルリーダーがテーマを掲げ、そのテーマに関心のある保育者がチームとなり、年間を通じてグループ研修を展開。（写真／えんぜる保育園・福岡県）

　また、その園では、別の大学の先生が実習の訪問指導に来られる時、意図的に園内研修を設定し、その先生にも専門を活かしたコメントをもらうなどの工夫をして、様々な知の交流を図ってきました。

共通の言葉を大事にする「フォトラーニング研修」「3D」「3J」

　研修では、プロだからこそと、要領、指針等を共通の言葉とした写真を用いたフォトトーキング、フォトラーニング研修を大事にしているそうです。その時に意識しているのは、なぜその写真を撮ったのか等、「問いかけて引き出すこと」。

　before and after を記入する欄を設けたダイアログシートのひな形を作り、園に合わせたものを研修の前に準備してもらうそうです。大事なことは、研修アドバイザーが訪問する日だけではなく、「研修

年間を通じて取り組んできた研究の成果を全職員で共有、総括する園内研修になっている。（写真／えんぜる保育園・福岡県）

の事前の仕込み」です。園内研修の日までに、ある程度クラス単位で準備をしておき、研修当日は、それぞれのクラスから持ち寄って、保育者同士が複眼的に見合ったりするなど、「対話にこそ時間を割くべき」だと園で伝えています。

　また、今後、ミドルリーダーやベテランの保育者たちも新任保育者を育成することが大事になってくることから、那須先

生のキャリアアップ研修を受けたミドルリーダーの方の園で研修をされる時には、園内外の往還型研修を意識し、そのミドルリーダーの方が中心になって園内研修をリードできるよう工夫しているとのこと。

ただ、「最終的に園内研修が充実するかどうかは園長の理解によるところが非常に大きいため、園長、ミドルリーダーの研修での役割が大事」なのだそうです。

そして、那須先生がキーワードとして挙げているのが、まず3つのD、「できる人が、できる時に、できることを」です。できない理由を探すよりも、まず3つのDを意識し、そして、3つのJ「じっくり、じわ～っと、でも自覚をもって」行いながら、少しずつ変化することが大事なのだそうです。急ぐ必要はないと先生方にも伝え、「ゆっくりと確かな変化を大切に」しています。

また、研修アドバイザーのスタンスとして、笑いとシビアさのバランスも大事にした問いかけをしています。例えば、園の理念をホームページなどから抜き出し、穴埋め式問題を作成しながら、ベテランでも理解できていなかったような点を意識しながら、改めて、その必要性を指摘したりするそうです。

さらに研修の場では、情報収集担当のミドルリーダーの設置も提案しています。例えば、文部科学省、こども家庭庁などのホームページを1～2週間おきに見て、保育にかかわる情報に敏感になることを勧めています。園内外の往還を人だけではなく、情報や知識でも進めることを研修アドバイザーとして意識しているのです。

園内研修アドバイザーとは園内に吹く〝心地よい風〟のようなもの

那須先生は、研修アドバイザーの役割を、「園内を穏やかに吹き抜ける風のようなもの」と語ってくれました。吹き抜ける風は静かな影響を残します。そこには、園内研修という風が吹き抜けた後、保育者が自分たちで考えるようになってほしいという思いがあります。研修アドバイザーとして、風が吹く前後の変化を実感できる仕組みを送り届け、後は託し、フォローが必要になればしばらく間をおいて、また風を吹かせにいくようなかかわりを目指しているそうです。

園に心地よい風を吹かす、那須先生考案の知恵をたくさんうかがったインタビューでした。

要領・指針等の共通の言葉を意識しながら、保育者養成校に学ぶ学生も交えて行う研修もある。
（写真／ふくろうの森こども園・佐賀県）

インタビュー

06

増田まゆみ先生

湘南ケアアンドエデュケーション研究所所長。元東京家政大学教授。第1、2、3次『保育所保育指針』検討委員、『幼保連携型認定こども園保育要領（仮称）』の策定に関する合同の検討会議委員等を歴任。

大切なのは、しなやかさと持続可能性と創造性

POINT

❶ 最初に、保育者自身の良さを提示する。

❷ デジタル機器を活用し、研修を可視化する。

❸ 園内研修に継続的に参画する。

「学ぶ研修」から「学び合い共に創る研修」へ

増田先生の園内研修へのかかわりは、45年ほど前に遡ります。ご実家が、1900年に学びの機会のない子どものための特殊夜間学校をつくり、関東大震災後に託児所、そして1948年に乳児保育、翌年、診療所を開設、という環境だったそうです。その中で育ち、増田先生ご自身も保育者養成校の教員として、また、『保育所保育指針』の改定（改訂）にかかわりながら、園内研修アドバイザーを30年以上続けてきました。

増田先生は、園内研修で報告し合う時、まず、「保育者自身のプラスの側面、保育での工夫あるかかわりや環境構成など、良さを認識」し、その後、「より良くするためにはこんな課題がある、という順序で進めている」そうです。

良さを自覚することから始め、さらに良くなるための課題に気付く。そのためには、エピソード記録などを用いた保育の可視化が大切です。最初に「良さ」を提示した時に戸惑いを見せていた人も、回を重ねて研修することで、「良さ」を見出す視点が、徐々にその人の身体に染み込んでいく。すると、ごく自然に、「こんなうれしいことや、こんな育ちがあった」と書けるようになるのだそうです。

この30年の間に、「学ぶ」研修から「学

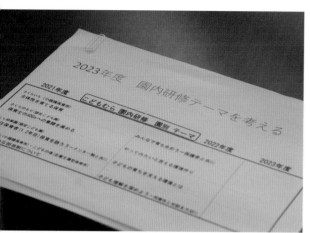
園や保育者の良さを自覚してもらい、その後、良くなるために対応すべき課題に気付けるよう、研修を進めている。（写真／認定こども園こどもむら・埼玉県）

び合う」協同を重視する研修へと変わってきました。そして、研修で大事なのが、「しなやかさと創造性と持続可能性」です。基本的な考え方や哲学があり、そのうえで、実際の子どもの姿、保育、保護者とのかかわりから、保育者自身がそれらをしなやかに捉え、また、仲間と共に創造する喜びを感じながら取り組むことが必要で、「昨日から今日、今日から明日へと連続させ、持続していく」ことを増田先生は大切にされています。

　園内研修を園全体で行うのはとても重要ですが、職員配置の点からも難しくなってきており、「可能な範囲の人が集まって、グループで複数回行うような工夫が大事」になるそうです。

映像やオンラインなど、デジタル機器を活用し、研修を可視化する

　映像機器の進展もあり、増田先生ご自

身も可能な限り園で映像を撮り、その園の具体的な子どもの姿、保育者のかかわりを提示しています。

　保育の中で、保育者自身がビデオ撮影するのが難しい場合は、「写真や環境図を描く」ことを勧めているそうです。例えば、同一法人内の園が、それぞれ環境図や記録を使って保育を可視化し、園内、また法人全体で検討し、それぞれの園の環境の見直しや、互いに環境を活かし合う保育に結び付けるなどの工夫です。

　環境図を描く時には、保育室だけではなく廊下やテラス、さらに園庭なども描くようにします。そうすることで、子どもが多様な活動に主体的に取り組める環境として、園の様々な場を大いに活用できているかが検証でき、遊び空間の広がりを含めた変化や人の配置の問題など、保育にかかわる者としての新たな視座が生まれます。

　最近ではオンライン研修も、積極的に実施しているそうです。

はっとする瞬間を大切にするかかわり

　増田先生は、研修の中では「かけがえのない人間として、尊敬の念をもってお互いを認め合うことが基本」と伝え、保育者自身が気付くことを大事にしています。

　例えば、保育室の環境や保育者の子どもへのかかわりにおいて、「なぜこうなの」という課題ある場面でも、「だめね」ではなく、「子どもにかかわっていた時のあなたは、どういう思いだったのかしら」「何

を大事にして環境を構成しているのかしら」と、相手を尊重して対話するのだそうです。すると多くの場合、保育者が自分自身の課題にはっとして、共に考え合う姿勢になれるのだそうです。

▎養成校の先生方に期待すること

実習巡回だけの現場理解ではなく、どんなに素晴らしい力を有する教員でも、現場に足を運んでの現場理解とかかわりが求められます。専門性を活かす取り組みの一例として、「継続的な園内研修への参画」をあげてくれました。現場尊重の教員の姿や語りを通して、学生が共に伝え合い、学び合いを続けることが、保育者には大切であることを認識し、そのような保育の担い手となっていくことの重要性を強調していました。

研修アドバイザーのモデルがあったわけではなく、平井信義、津守真、石井哲夫、大場幸夫という諸先生方と保育を語り、保育の根幹を学びながら実際の研修にかかわり、それらを踏まえて、ご自身のスタイルで、継続的に園にかかわってきた増田先生。30年の経験の真髄を聞かせていただくインタビューとなりました。

研修アドバイザーは、現場に足を運んでの現場理解とかかわりが求められる。継続的に園内研修へ参画することが大切。
（写真／認定こども園こどもむら・埼玉県）

インタビュー

07

佐藤康富（さ とう やす とみ）先生

東京家政大学短期大学部保育科教授。担当科目は、幼児と環境、保育内容の指導法（環境）。『探究心を育む保育内容「環境」』（編著／大学図書出版）、『写真とコメントを使って伝える　ヴィジブルな保育記録のススメ』（共著／鈴木出版）など著書多数。

自分もおもしろがっていられることで、よりおもしろい次の世界が開けてくる

POINT

① 研修アドバイザーという別の視点が入ることで、新しいものが見えてくる。
② 保育者が心の動きを語ることで、研修が深まる。
③ 常に好奇心をもって、一緒におもしろがる。

■ 共におもしろがり対話する研修へ

佐藤先生は、小学校教諭の後に幼稚園で担任や主任を17年間、その後、養成校教員になられ、園内研修アドバイザーを15年ほど続けています。

近頃、研修アドバイザーとして「ちゃんとしたことを言わなくちゃ。何かまとめなければ」という研修から、「保育における子どもの姿をおもしろがり、こんなことがあるんだ」と共有し、先生たちの悩みや大変さを聞くかたちに、研修が変わってきたそうです。また、園の保育者にとっては当たり前になっているところに別の人の目が入ることによって、新しいもの

が見えてくる。お互いに発見できることが、園内研修のおもしろさであり、醍醐味だと気付いたそうです。

子どもがやっていることを見て、「**これってこうかな？**」などと思いながら、どのように子どもたちとかかわるかを一緒に想像することで、新しい意味が見えてきます。それは保育者の喜びになり、研修アドバイザーも成長します。そして、すべて園に還元できるのだと、佐藤先生ご自身の経験への反省や、そこで得た知恵を通して感じたそうです。

一方で、園が研究のテーマを明確にもって取り組んでいる時ほど、お互いの捉える視野が狭くなってしまうことがあるそうです。

公開保育での子どもの姿や保育の悩みを語り合う様子。自分が当たり前に思っていることも、他者の視点が入ることで新しい発見がある。(写真／大和山王幼稚園・神奈川県)

「保育の見える化」から、保育者の心の動きを語る

園を、どの職員もフラットに対話し、経験をシェアできる場にするためには、ある程度、「保育の見える化」が必要で、そのための仕掛けを工夫されています。

写真やビデオ、文字記録を、保育者たちは一生懸命に集めたり書いたりしていますが、それが単に事実の羅列となってしまっては、子どもや保育が見えず、深まりません。それを掘り下げるためには、「子どもはどんなことを言ったか」「どういうつぶやきだったか」という内容からさらに、保育者としての自分の心がそこでどう動いたのかを語ることで、研修がより深まっていくと言われます。

自分の課題や歩みから園への貢献を語る機会を設ける

また、最近では、保育者一人ひとりが、自分がやってきた歩みを書いたり語ったり、次年度に向け、自分がこの1年どんな成長をしてきたのか、あるいは、これからやってみたいこと、そして、さらに園に貢献できることは何かなどを書いてもらって共有し、コメントし合う研修をしているそうです。

これらは、「何がより質の高い園組織をつくっていくことにつながるのか」、また、「一人ひとりが園の中で成長し、どうすればお互いが認め合いながらやっていけるのかを考えていく良いきっかけになる」のだそうです。同時に、それは保育者の

同僚性を育むことにもなります。

どうしても経験年数やキャリアから保育者の課題や資質を考える視点になりがちですが、そうではなく、保育者自身の困り感や抱えている課題から出発しないと、本当に大事なことを取りこぼしてしまう。その人なりの当事者性や主体性を活かすためには、そうしたことをおもしろがって一緒に聞き合える関係を、研修アドバイザーと保育者が共に創る場が必要なのです。

様々な人との対話を通して、子どもを見るレンズが磨かれる

佐藤先生自身が海外の保育参観に出かけ、学んだこととして、**「多様なレンズ、いろんな人の見方によって、自分のレンズを磨くこと」**と教えてくれました。

ある意味では、最初は見えていないかもしれないけれども、それを恐れずに園外に出かけていき、いろいろな人と対話することから、自分なりに見えてくるものがある。その経験を経て、もっといろいろなものが見えるようになっていく。そういう磨き合う経験を通してでないと、子どもたちを見るレンズはクリアにはなっていかない。最初からクリアでなくてもいいから、外に出て対話していくことが大切なのです。

一緒に悩んだり、おもしろがったり……。共有しながら進んでいく

佐藤先生にとっての研修アドバイザーとは、「共に探究する人」。研修アドバイザーの役割は、いろいろな問題、研究を一緒に探究していきながら、悩んだりおもしろがったり、あるいは**「こういうことが見えてきたよね」**と共有し合ったりしながら共に進んでいくこと。そして、ご自身も、そういう経験ができることをおもしろいと感じ、**「探究する姿勢を忘れずにいたい」**と語ってくれました。

「常に好奇心をもって、いろいろな人に会い、自分もおもしろがっていられることで、よりおもしろい次の世界が開けてくる」。それは、気持ちを常に新しい世界へと向け、柔軟に自己も他者の心も開いていくという研修の極意なのでしょう。

自分の作ったドキュメンテーションをもとに保育を語り合い、同僚性を育んでいく。(写真／神奈川県私立幼稚園連合会・神奈川県)

インタビュー

08

いそ べ ひろ こ
磯部裕子先生

宮城学院女子大学教育学部教育学科教授。専門は、保育のカリキュラム論、環境論。東日本大震災後に、被災地の保育を再生するため仲間たちと「みやぎ・わらすっこプロジェクト」を立ち上げ、代表を務める。『震災と保育1』(ななみ書房)など著書多数。

保育者たちと一緒に「保育を
つくっていく仲間」というスタンス

POINT
① 「園のいいところ見つけ」をする。
② 園の記録を事前に読み、保育の中の点と点を、研修で線につなぐ。
③ 次の研修までの課題を、お土産として提示する。

「呼ばれる研修アドバイザー」から、園を一緒につくり良さを発見する者へ

　磯部先生は、私立幼稚園で担任・主任を8年間経験した後に、大学院で学び、現在、仙台で養成校の教員をされてます。

　磯部先生が大学に着任した当初は、研修アドバイザー側が用意した何かのテーマについて、1回きりの研修で話をして帰ってくる、「呼ばれる研修アドバイザー」という感じだったのが、ある園と出合い、そのかかわりを通じて、研修へのスタンスが大きく変わったそうです。

　その園は、"遊びを大事にした保育をしたい"という意識をとても強くもってはい

たけれど、園児不足に直面していたそうです。そこで、「本当に良い保育をしたら絶対に子どもは集まる。3年で集まるようになるから、一緒に保育をつくろう」と、園への関与が始まりました。

　自分たちの保育の良いところが十分に理解できていなかった園で、保育者と一緒に学び合い、「こういうところがいいね」と確認し合いながら、記録や園便り、クラス便りなど、今でいうドキュメンテーションを作って、保護者に伝えることをくり返したそうです。そのような試みの中で、「幼児期にはたくさん遊んでほしいと願っている保護者の層は一定数いて、そのことの意味を保護者に伝えることも大切」ということが見えてきたそうです。

午前中の保育を撮影した写真を見ながら、具体的に検討する。（写真／認定こども園ひかり・福島県）

そして３年後、定員以上に多くの園児が集まる園となり、今日に至っています。この経験があるからこそ、研修では「園のいいところ見つけ」を行うことを大事にしているそうです。

プロセスの変化を大事にする

継続して関与している園では、その園が書きためている事例や記録をまとめて送ってもらい、事前に読み込みます。そして、研修の当日、例えば、２か月分の記録なら２か月遡って、読んだ記録に書かれてあったことを踏まえながら、「今日のＡちゃんの遊びの場面で、共通することがあったよ」などと子どもの姿を通して伝えるようにしているそうです。保育の中での点と点を、研修の中でつないで線にしようと試みる。保育者のそれまでの思いを、研修当日につなげて線にできるよう、その日までのプロセスがわかる情報を入手して研修に臨んでいるそうです。

ベストショットとお土産のある研修

研修の最後には、午前中の保育参観で撮影した写真の中から、可能な限り「今日のベストショット」を紹介するのだそうです。そこでは、「保育者たちが意外だと思うような場面」や「子どもたちがすごく、いい顔で集中している場面」を「象徴的な１枚」として提示されます。

また、それと対をなして、「今日のお土産」も出しています。それは「ちょっと考えてほしいこと。どうすればいいかまでは保育者たちとの検討が進まず、今日は結論が出なかったけれど、次に会う時までには、ぜひ考えておいてほしいこと、挑戦してほしいこと、見直してほしいこと」を、残してくるのだそうです。

その際、「ここはもうちょっと見直したほうがいいこと」、あるいは、先生たちも

迷っていることを整理し、「なぜ迷っているのか」「どうしてここに留まっているのか」といった点を課題として指摘します。

併せて、ほかの園でうまくいった事例や、こうやって見直したら、こんなにすてきになったという事例を具体的に紹介し、保育者自身が見通しをもてるようにしているそうです。

すぐに答えが出なくても、いつか必ず、何かが見つかる

今、答えが出なくても、今すぐいい保育にならなくても、続けてやっていると、2年後、もしかしたら3年後に「こういうことか！」とわかる時が必ずくるでしょう。だから、今、あまり焦らずに、現場には、絶対無理をさせないことが大事なのだそうです。

大好きな園だから、仲間として一緒に保育をつくりたい

継続してかかわっている園にとって、研修アドバイザーは「ファンクラブの代表」のような役割と考えます。まず、その園を好きになる。保育者たちも自分たちの園が好きだからいい園にしたい。園内研修もしたいし、保育の質も向上させたい。ともかく、より良い園にしていこうという気持ちは、研修するアドバイザー自身も園の保育者と同じで、「指導者でもなく教授者でもない。本当に保育者たちと一緒に保育をつくっていく仲間というスタンス」でいるそうです。

園を息長く支えていくことで、必ずより良く変わっていくという希望や信念があるからこそ、磯部先生がかかわると園は変わるのだということを実感したインタビューでした。

「今日のベストショット」の一例

研修の日に撮影した象徴的な写真から、子どもの思考や学びについて検証している。下の写真は、遊びの中で試行錯誤する子どもの姿を捉えたもの。（写真／宮内認定こども園・山形県）

手押しポンプで水を出す1歳児。この直前に、3歳児が遊ぶ様子を見て、水の出し方を知っていた。

蛇口から出る水をコップに入れようとするが、レバーから離れたので水が出ない。この後、何度も試行錯誤をくり返す。

蛇口の水は諦めて、水が流れた先の水たまりで汲み取ることにする。本児の思いは？

松井剛太先生
（まつ　い　ごう　た）

香川大学教育学部准教授。博士（教育学）。主に特別な配慮を必要とする幼児に関する研修に携わっている。著書に『特別な配慮を必要とする子どもが輝くクラス運営』（中央法規出版）、『保育・幼児教育・子ども家庭福祉辞典』（ミネルヴァ書房）等。

子どもたち、保育者の言葉を、しっくりくる言葉にする翻訳者

POINT
❶ 子どもの話を中心に、研修アドバイザーの権威的な感じを薄める。
❷ 管理職の問題意識を事前に共有しておく。
❸ 子どもや保育者の思いを伝える翻訳者としての意識をもつ。

最後に研修アドバイザーが話をする研修から、子どもと遊び、共に語る研修へ

松井先生は、大学院生の頃から園に通い始め、特別支援教育も専門としながら、20年近く園内研修アドバイザーを続けています。院生の頃から、指導教員等が研修する場に同行する中で、「最後にお言葉を頂戴し、良いお話を聞いて勉強になりました」と言われるような研修では本音が語り合えず、保育者の学びが広がらないのではないかと考え、そこからの脱却を図ってきました。

松井先生ご自身も若い時は肩に力が入り、「いいことを言わないといけない」「指導しないといけない」という意識が強かったために、子どもよりも保育者を観察してしまうような時もあったそうです。

ある時、園の保育者から「もう1回先生を園に呼ぼうという雰囲気にはならなかった」と言われ、その苦い経験が自身のスタンスを変える契機になったようです。

そこから、可能な限り午前中から園を訪問して子どもたちと遊び、研修の導入では「保育者の保育がどうだったか」ではなく、一緒に子どもたちと遊んで、**「あの子はこんな感じですね」「あの子はこんなことが好きなんですね」**と、必ず子どもの話をするようにしたそうです。

実際の写真も見せながら、子どもの話

保育者の発想を転換させる問いかけを意識して写真を提示する。木が乱立しているところでも線を引いてドッジボールを楽しむ子どもの様子から、既存のルールやイメージとは違った子どもの発想のおもしろさに気付く教材に。（写真／香川大学教育学部附属幼稚園高松園舎・香川県）

手押し車の支えになる部分を使って、子どもが地面に道路を描いた写真。本来の道具の使い方とは異なるが、子どもの柔軟な発想が見られることに注目した。（写真／まんのう町立高篠こども園・香川県）

を中心にすることで、研修アドバイザーの権威的な感じを薄めることを意識しました。こうした結果、継続して研修に呼ばれるようになり、保育者との関係性も変わって、話の内容が深まるようになったそうです。

管理職のあり方が研修を方向づける

　管理職の先生がどこに課題意識をもっているのかがわからなかったり、保育者に課題意識がなかったりすると、研修ア

ドバイザーが何かを言ってもなかなかヒットしません。そのため、園長先生や管理職の先生が、「実はうちの園の課題はこうだと思っていて……」等、事前または保育参観中にでも言ってもらえることで、研修アドバイザー側も研修での話のもっていき方を考えながら観察ができるようになると言います。

　管理職の先生が言ってもなかなか現場の保育者に伝わりにくいところを、外部の研修アドバイザーが代弁することで伝わることもあります。また、管理職の先生には最初から話し合いに入ってもらうかどうかも意識して、発言力が強そうだと感じた場合には、「保育者と先に話してもいいですか」と伝え、研修の雰囲気をつくることもあるのだそうです。

概念自体を問い直す、抽象的な問いを投げかける

　特別な支援が必要な子どもの研修やラーニングストーリーを中心に何年かにわ

たって継続してかかわる園の場合には、さらに関係を深めるために、概念自体を問い直すような抽象的な問いを投げかけることも意識しているそうです。主体性をどう捉えるかといった場面であれば、**「主体性を場面ごとに捉えているけれど、例えば1日、1週間、1か月の単位で捉えてみると、その場面がどう見えるのか」**などの問いを投げかけることもあります。また、特別支援では、その子の課題となる行動が語られ、どうなったら改善していくのかといった話題になった時には、その子自身が、どういう時に充実を感じているのかを問い返しています。と、同時に、保育者を常に励まし、各々のもち味を活かすことを大切にしています。

▎肩の力を抜いて、子どもたちと楽しむぐらいの気持ちでかかわる

研修アドバイザーは、保育者の期待に応えなければならないと思えば思うほど、「いいことや、保育者たちが気付いていないことを言いたい」という意識をもちがちではないでしょうか。でも、保育者たちも感じていることを違う言葉で伝えるような気持ちで、肩の力を抜き、子どもたちと楽しむぐらいの意識で臨むと、親しみやすい研修アドバイザーだと研修に参加する保育者から思ってもらえるのではないか。**「謙虚さこそが大事」**と松井先生は考えています。

▎研修アドバイザーは子どもや保育者の言葉を伝える翻訳者

松井先生にとっての研修アドバイザーとは、**「翻訳者のようなもの」**だそうです。翻訳者として、保育者たちが言いたいことや子どもが感じていること等を、しっくりくる言葉に変えて伝えることを意識しているそうです。例えば、障害のある子どもなどは言葉が出ない場合もあります。そのため、言葉以外の方法も含め、ほかの人にいろいろな形で伝えようとすることで、園全体の雰囲気が良くなるよう意識しています。そして、この翻訳者としての役割は、本来、園のミドルリーダーにも必要なことなのだそうです。**「こういうことを言いたいんだろうな」**ということを日常会話の中で探り、研修の場で発言を引き出したり、**「前にこういうことを聞いたんだけど」**と発言を促す役割を担ったりすることで、園の力を高めていくことができるからです。

松井先生には、子どもを中心とする研修のための様々な工夫を聞かせていただきました。

研修アドバイザーとは「翻訳者のようなもの」。子どもが感じていることを、しっくりくる言葉に変えて伝えることを意識している。(写真／丸亀ひまわりこども園・香川県)

髙橋かほる先生

たか はし

帝京短期大学こども教育学科特任教授。公益財団法人幼少年教育研究所理事。学校心理士。大学で教員養成のほか、保育者向け研修、保護者への子育てカウンセリングなど全国各地で研修会、講演会を行う。著書多数。

「言葉」の選び方や自分の人間性を出すことの大切さを伝えていく

POINT

① 園がいちばん解決したいことを確認し、ニーズを把握する。

② まず聞き役になり、保育者の思いを掘り下げていく。

③ 相手の気持ちを慮る「言葉」の選び方を意識してもらう。

■ いちばん解決したいことを尋ね、保育者のニーズを把握する

　髙橋先生は園を経営されている家庭で育ち、実家のご家族が園を継いでいます。髙橋先生ご自身は子育てをしながら幼稚園教諭を15年ほど経験され、大学院で幼児の論理的な言葉について研究したことで、言葉やコミュニケーションに関心をもちながら養成校の教壇に立ち、園内外の研修アドバイザーを25年以上継続してきました。

　研修では、いくら大切な言葉であっても保育者がその気にならなければ聞き流されてしまいます。そのため、保育者のニーズに合わせて、自分のことだけでなく、子どもや保護者、ほかの保育者といった相手の側にも立てるようにすることを大事にされています。

　そのためにまず、髙橋先生ご自身が保育をしながら感じてきた、いろいろな意味での「迷い」を本音で語り、研修が始まる前に、「今、いちばん、自分の中で解決したいこと」を尋ねます。その時、「いくつでもいいけれど、いちばんはこれ」と紙に書いてもらうことで、保育者側の気持ちがクリアになるそうです。研修アドバイザー側としてもニーズの詳細がわかるので、それに応じて研修を進めることができるのだそうです。

研修が始まる前に、いちばん解決したいことを紙に書いてもらうことで、参加者のニーズを把握しながら本音で語り合う場となっている。（写真／戸山幼稚園・東京都）

保育者が語る言葉の行間を深めていく

　研修の口火として、ビデオや写真などで視覚的に安心感を与えることは、今、特に大事になっています。ただし、髙橋先生にとって、きっかけはなんでもよく、むしろ、「**その時にすぐにわかった気になりすぎず、保育者が語る言葉の行間を考えていくことを大事にしている**」そうです。そのために、まずは聞き役になり、そこから掘り下げていくのです。例えば「**この子は、日頃はどんな感じ？　昨日はどうしていたのかな？**」と保育のつながりのなかで捉えていきます。もし、「**気が向くと、こうなんです**」という言葉には、「**では、気が向くってどういう時なのかしらね**」と問い返したり、「**なぜそう思ったの？**」と掘り下げていくのです。それによって、自分自身の見方の特徴がはっきりすると同時に、ほかの人の見方も加味しながら

深めていくことができるからです。

　また、保育者によってもタイプがあり、「**人の話を聞くのが好きな人**」「**自分の主張をぱっと言いたい人**」「**意見を聴いて幅を広げていく人**」など、いろいろです。自分はどんなタイプか、研修の中で振り返ってもらうこともあります。それによって、それぞれの良さを認識してもらうのと同時に、自分のあり方も考えてもらいます。そうすると、「**私は、Aタイプかもしれません。でもBタイプのふりをします。そうじゃないと、仲間とうまくやっていけないから。先輩の望みがCタイプならCにもなります。でも、私の意見は、も**

ともとAなのです」というようなかたちで、次第に本音が出るようになるそうです。

言葉での表現のあり方を振り返る研修に

同じことを伝えるのでも、表現の仕方で相手への伝わり方は違うので、その点も意識されているそうです。例えば保護者に向けて「（あなたの）お子さんは先生から離れない子ね」という言い方と「私が周りを見ている時、いつもここにいてくれるんですよ」という表現では、伝わる意味は違ってきます。そこから「**なぜ、あのお母さんがあんなに傷ついたのか**」「**あなたは悪気なく言ったんだよね**」「**でもあなたの言葉で相手が傷ついたんだとしたら、どうしたらよかったのかしらね**」と、一緒に考えていくのだそうです。相手との違いを意識し、気持ちを慮る対話の研修を通して、見方や語り方の意識を高めています。

保育者の構えを崩すコミュニケーションが大事

せっかく研修アドバイザーを招いても、研修に参加する保育者には「（だれかに）何か言われそう」という意識や構えがあるので、それを崩すコミュニケーションが大事なのだそうです。例えば、「**今、1年目の保育者があんなにおどおどしているのは、あの方の能力ではなくて、2、3年目の人に遠慮しているから**」などと、周りの状況から言葉が生まれていることを感じとってもらうようにすることもあります。

「子ども相手の仕事にパーフェクトはないので、（違いは）『味があるな』と思えばいい」。髙橋先生は、「**自分の人間性を出すこと**」がいちばん大事だと考えているのです。

保育者のタイミングに合わせて橋渡しをする役目

研修アドバイザーの役割とは「啐啄同時（そったく）」、つまり、ひなが孵る時に外側から殻をつつく親鳥のような役割です。発達心理学者のヴィゴツキーが言う「発達の最近接領域」のように、今の状態から「**そろそろだな**」という時を知り、橋渡しをすることで、次へと開いていく役割です。

園の中の言葉を大切にする研修のあり方について、考えさせられるインタビューでした。

講師として訪問した園から、1年間の研修の成果をまとめた冊子が届く。年に3回の研修を通して、丁寧に心を通わせていく。（写真／新宿区立早稲田幼稚園・東京都）

おお まめ う だ ひろ とも
大豆生田啓友先生

玉川大学教育学部乳幼児発達学科教授。専門は保育学、乳幼児教育学。日本保育学会理事、日本こども環境学会理事、こども家庭庁「こども家庭審議会」（親会）委員および「幼児期までのこどもの育ち部会」委員（部会長代理）。著書多数。

保育や子どものおもしろさ、奥深さを共に学ぶ「共同参加者」

POINT
① 1人では見えないことも、他者と見合うことで見えてくる経験を大事にする。
② 語り合う楽しさを感じる風土をつくる。
③ 「〇〇ちゃんの物語」を語れる保育の醍醐味を共に探る。

▌助言者から、「共同参加者へ」

大豆生田先生は、大学院在籍中に愛育養護学校（現 愛育学園・東京都）でアルバイトをされ、その後、幼稚園で3年の保育者経験を経て養成校に勤務。20年以上、園内研修アドバイザーをされています。

養成校に勤め始めた頃は、研修アドバイザーというよりも、園で子どもとかかわり、保育者たちと語り合うような立場だったそうです。助言者としてコメントするより、撮ったビデオや写真を題材に、一緒によく話されていました。

その中で、外部の助言者という意識から、子どものおもしろさ、保育のおもしろさを一緒に探っていく「共同参加者としてのスタンス」がかたち作られるようになっていきました。

担任は、目の前のことに葛藤し、考えていたりするので、俯瞰的にポイントを押さえることが実際には難しい。でも、「**外から研修アドバイザーが入って共に見ることで、見えるようになること**」があります。「**子どものことが見えてくるおもしろさ、自分一人では見えないことも、一緒に見合うことで見えてくる経験**」を大事にしています。

また、保育園等ではどうしても研修時間が限られることから、園が準備した題材をもとに語り合う機会が増えますが、短時間だからこそ論点を絞って話せる良

園内研修での事例検討会。各クラスごとに年間のチャレンジテーマを設けてその発表を行った。(写真／めぐみこども園・福井県)

さもあるのだそうです。

自分らしく、安心して 語り合える風土づくり

　子どもの姿を語ることに慣れていなくて、今まで違う語り方をしていた園も多いので、まずは、「子どものことを語るのが楽しいと思ってもらうことを徹底」しています。

　先生たちがだれからも責められず、自分で自分の保育を語ることが楽しいと思える風土ができるまでには、ある程度時間がかかります。経験年数や役割にかかわらず、一人ひとりが自分のスタンスで語り合える風土をつくることは、園全体にとっても大切なこと。「園長や主任には、様々な職員が自分らしく、安心して語れるよう大きく受け止め、支援する役割を担ってほしい」と言われます。また、そのためには、研修アドバイザーがリーダーや園長等と話すことが大事になるので、大豆生田先生は、研修をどのように進めるかなど、事前の打ち合わせに力を注いでいます。それは「園のリーダー層のファシリテーターの役割を、研修アドバイザーが担うようになってきたから」なのでしょう。

　加えて、園長の思いが強く、職員に「やらされ感」が強い園の場合は、そこからの脱却をいかに図るかがポイントになっています。例えば、各々が写真を持ち寄って、自分がおもしろかったことや今悩んでいることを語ってもらう。最初の段階では、ポジティブでもネガティブでも、子どもや保育のことを自由に話せることを大事にすることで、「研修ってなんだか良かったな」と思ってもらえるようにする。

「こういうところがいいよね」と他者の話を聞くなかで、それが自然と園内のモデルになる。「ここが足りない」ではなく「そこがいいんだ」ということが、順に自分の中に落ちてくる感じこそ必要と言われます。

■ ライブ配信のおもしろさとオンライン研修の可能性

コロナ時代を通した大きな変化の1つに、オンライン研修の進展があります。養成校の教員などは、その使い方、メリットを経験しているので、それを活かせるとお考えです。

大豆生田先生がかかわっている自治体では、キャリアアップ研修でも往還型研修を大事にして、公開保育も行っています。これまでの公開保育の形式だと、参観者はそれぞれのポイントを見ているけれど、オンライン配信で、撮影者のアングル、見方をライブで一斉に見られるおもしろさが生まれてくる可能性にもふれて、導入を躊躇している園にも、これからは1つのツールとしてのオンラインの利用が求められるかもしれないと助言しています。

■ 研修アドバイザーは、物語のおもしろさを共に探るファシリテーター

園内研修アドバイザーとは、保育や子どものおもしろさ、奥深さを共に学ぶ参加者であり、ファシリテーターのようなもの。研修の肝は、「現場の実践に共に学ぶ姿勢」。研修アドバイザーも一緒に、園にとっておもしろいことを探りますが、そのおもしろさとは「『○○ちゃんの話』ができるようにすること」で、そこに保育の醍醐味があります。群れて遊ぶ話でも、遊びの展開だけではなく、そこに○○ちゃんの物語が伴う遊びのダイナミクスが発見される時、おもしろくなるのです。

今後は、そうしたファシリテーターがあちこちに増えていくことが求められます。若手の養成校教員がその対象の1つです。さらに、中堅リーダー層の方が自分の園だけではなく、地域の保育を語り合う研修や公開保育のファシリテーターとなることも期待されます。今、自治体によって少しずつ、そうした動きや仕組みづくりりが広がっています。

往還型研修のキャリアアップ研修の様子。受講者一人ひとりのチャレンジテーマに沿って、研修の最終回にポスター発表をした。(写真／鹿児島市保育園協会・鹿児島県)

インタビュー **12**

大竹節子先生
<small>おお たけ せつ こ</small>

公立幼稚園教諭、教頭、園長として、長年、保育に携わる。文部科学省中央教育審議会専門委員（初等中等教育分科会）、幼稚園教育要領・幼稚園教育指導資料作成協力者などを歴任。元東京都教職員研修センター研修研究支援専門員。

園の保育を「見せる化」し
その魅力を引き出す

POINT

❶ 「保育者として何をやりたいか」を問いかける。
❷ 保育環境の見直しは単年度で成果を出す（出してもらえる）ようにする。
❸ 園に新しい風を吹き込む存在となる。

あなたはどんな保育をしたいのかと問われることで鍛えられる

　大竹先生は、東京都の公立幼稚園・幼保一体施設で教諭、園長を務めた後、東京都教職員研修センターの新任・中堅教員研修で、都内多数の園の訪問研修をされてきました。その後も園内研修アドバイザーを継続し、毎年多くの園に招かれる引っ張りだこの研修アドバイザーです。

　大竹先生は、保育者に寄り添うこと、特に「身を投じて入り込む」接し方を大事にしています。「身を投じる」とは、各々の保育者の立場に立ち、「あなたは、園の保育者として何をやりたいのか」と問いかけることです。

　自分の保育を自分の言葉で語り、意識化することが、保育を思い描き、構想する力、自己教育力につながることから、保育者自身がやりたいと思っていることを支援する入り方で、個々の保育者に接しています。これは、ご自身も、問われることで鍛えあげられた経験があるからだそうです。

研修講師はアドバイザーだけでなくコーディネーターに

　園は、自園の保育運営に精一杯で、周

グループワークの始まりに、参加者同士が心を開く「アイスブレーキング」。自分の言葉で保育を語るきっかけづくりに。(写真／静岡市立小島こども園・静岡県)

辺地域との関係を捉えたり、社会に開かれた教育課程の展開を意識化したりする機会が少ないものです。研修アドバイザーには、コーディネーターとして、園が地域の中で光っていけるように、「その魅力を引き出す」役割があります。そこで、園とは様々な地域のネットワークの中にある存在であることを意識できるように助言をしています。

また、研修では園の保育を「『見える化』を通り越して『見せる化』」し、保護者と共有できるようにするための工夫も一緒に考えていきます。

加えて、来訪者だからこその客観的な

目で保育を見て回り、保育者が気付きにくいシーンを取り上げ「子どもの思いはここにあるのでは?」「ここに子どもの良さがある。子どもの育ちがここに見えるよ」と投げかけたり、「子どもが今、困っていることや身に付けようとしていること、できないでいることは、ここ」等と取り上げながら、語り合っています。

保育室環境は、実際に45度ずつ回転してみて考える

保育環境は子どもの感性が育まれる大事なところなので、積極的にアドバイスをしているそうです。例えば、保育室の真ん中に立ち、「だいたい45度間隔で360度回転しながら、子どもの目の高さに何が映るか」を考えてもらいます。45度ずつで区切って見た時、ままごとや絵本、製作コーナー等が子どもの思いに沿っているか、また、身だしなみを整える場所等には、その空間に緑を置いたり、鏡を置いたりして衛生的な環境をつくれているかなど、保育者と一緒に、1つのシーンごとに考えながらポイントを伝えていき

研修主任として悩んでいること・困っていること (複数回答可)

項目	人数
園内研修の進め方がわからない	37
園内研修での学びの共有が難しい	11
事前研修・事後研修の進め方がわからない	6
園内研修で意見が出にくい	6
会計年度任用職員(フル・パート)の参加が難しい	3
指導案についての助言に悩む	2
クラス保育の業務との両立	1
園内研修に参加するための時間調整が難しい	1
相談する所がない	1

全体59人

静岡市子ども未来局こども園課主催研修主任研修会 (2021年7月) アンケートより

ます。さらに、園全体としての空間構成についても投げかけます。

保育者たちの環境への意識の変化はゆっくりであっても、保育室環境については、「在園している子どもたちが享受できるようなスピードで、単年度で成果を出してもらいたい」からです。

▌研修アドバイザーとは 園に光と風をもたらす存在

「光が入ることで明るくなる、風が通ることで淀んでいた空気が流れていく。そういった状況づくりをする」のが研修アドバイザーの役割です。そして、園の保育者たちがお互いで学び合い、子どもを見る深さを自分たちでつくりあげられるようにするのが、研修コンセプトの基本と考えます。

また、大竹先生ならではの特徴の1つに、「研修資材」「宿題」があります。情報を常に一覧にしておいて、研修先の園の状況に応じて「今回、この園に合う内容はこれ」と、おもしろい遊びの種類や役立つ資料などを、「研修資材」として届けます。

また、特定の学びに合ったテーマの本を手渡したり、園全体として取り組んでいることがあれば、要領・指針の該当するページやブックレットなどを「宿題」として手渡したりすることもあります。

届けたくなる新たな情報を常にキャッチし、園に新たな「風」が入るよう考えているためです。「これまでご自身が経験してきたことのすべてを手渡していくので、あとは自ら考え、自立してほしい」という願いからです。

講師自身が、いつも前向きな姿勢で、新しい情報をキャッチする大きなアンテナをもっていることが、保育者たちを魅了し、園を風通し良く変えていくのだと感じたインタビューでした。

公開保育の事後研修。テーマは、「もう1回」「またやりたい」と思えるような遊び環境の工夫。今日の遊びと環境、育つ姿などを協議した。(写真／静岡市立安東こども園・静岡県)

紹介事例から見える、12人の共通性

12人の研修アドバイザーの方々は、キャリアもかかわっている園も様々です。
だからこその独自性と多様性があります。
しかし、長年、園と良い関係を築き、保育の質向上につながる研修を支えてきたからこそ、
園内研修の方向性と研修アドバイザーの役割への考え方には共通性がありました。

▌学び合いを支援するスタンスは ▌「良さの発見とリスペクト」

保育者が研修アドバイザーから講義を受けて「学ぶ」研修から、保育者同士が「学び合う」研修へと変わってきています。その背景には、園が置かれている社会文化的状況の変化があります。保育の長時間化による多忙さや、保育士不足による若手保育者や、パート職員の増大も影響しているでしょう。また、デジタル化時代への対応や保育制度の変化等により、主体的自律的に学び続けることが求められる面もあるでしょう。

しかし、子どもに向き合う保育実践の真髄は、時代の変化で変わるものではありません。大事なことは「共に学び合う研修はおもしろい！」と保育者と研修アドバイザーがワクワク感を共有し、継続的な関係をつくることです。園や保育者がじっくり変化していけるよう伴走支援をする姿勢や、保育者や園が気付いていない潜在的な可能性を発見し、引き出す姿は、ご紹介した12人全員に共通しています。それぞれの専門や経歴が異なるため、支援方法は違いますが、その多様な技や知恵に私たちは学ぶことができます。

▌園や保育者の状況に応じて ▌共に歩む、協働対話力

各園にはそれぞれのあり方があり、保育者も様々なタイプの人がいます。研修アドバイザーはそれらを理解し、リスペクトすることが必要です。12人の研修アドバイザーの皆さんは、他園やほかの保育者と比較するのではなく、その園の保育者や子どもたちの良さを見つけていく鑑識眼をもっています。その背景には、各園の保育に対する謙虚さや慎み深い態度があるように感じます。まずは、その場の子どもや保育者の様子を見て、聴いて、問題点や困り感、悩み事を共有しています。そこから子どもの良さ、保育者の良さ、園の良さをも引き出し、認めていくスタンスを通して、子どもの学びの物語が見え、保育者や園の物語が紡ぎ出されていく。自分たちの良さを認められるからこそ、自信をもって保育に前向きな姿勢を生み出せているのです。ここでは、「脱力した解きほぐす対話力」が大事であることがわかります。保育者同士が対話しやすい場を研修アドバイザーと横並びの関係の中でつくることで、相互に可能性を引き出し合う「Co-Agency」（共同主体性）の文化形成

のスタンスができます。

園内研修での
学びのサイクルをデザインする

　研修アドバイザーの皆さんは、長期的な見通しをもって、各園がおかれた状況や制約も理解しながら、持続可能な研修にしていけるよう園に伴走しています。そして、研修に参加しやすくするための方法や、手立てとなる道具を園と共に考え、導入しています。研修アドバイザーが撮影したビデオや写真、マップ型記録の活用はもとより、保育者が作成した環境図やドキュメンテーション、ラーニングストーリー、エピソード記録をもとにした対話など、研修テーマに沿って見える化した資料を使うことで、具体的な理解につながり、保育者が参加しやすくなります。さらに、対話に付箋を使ったり、小グループでの語り合いなどを活用したりすることで、インフォーマルな対話が生まれる工夫をしています。

研修観を共有し
対話をつなぎ、深め、
問い返す働きを担う

　研修の最初の段階では、研修アドバイザーに対する保育者側の構えがあるため、特に若手保育者が多い園では、変化の手応えを感じやすい環境構成へのアプローチから始めるという方が何人もいました。
　研修の内容は一度で理解できるものではありません。一緒に協働探究することで見えてくる協働過程を大切にしながら、人によって理解のペースは違って良いという目線が、安心して参加できる土台をつくり出します。
　研修アドバイザーは、園の問題意識を大事にしながら、みんなで考えたい課題を焦点化し、探究へ誘う役割を担います。ここでは、学び、わかることが研修という、これまでの研修観を変えていく役割もあるかもしれません。「対話の行間を埋める」「問い返す」ことで、子どもは、あなたは、園は、何をしたいと願い、実際はどうなのか、何ができそうかという理解を深める場づくりを行います。さらにメタ化して「主体性とは？」「あなたは園に何が貢献できるのか？」といった大きな問いを返すことで、日々の保育から一歩引いて振り返り、次への探究につながるきっかけを与える役割も担っています。これは、自分でものごとを考えることのできる保育

者を育てることにもつながります。

■研修準備と
　次の研修へとつなげる見通し

　研修内容だけではなく、園訪問までの準備と研修終了後の見通しが、園の文化として研修を位置付け、学びの好循環サイクルにつなげるための鍵となります。事前に記録に目を通し、子どもの育ちや保育実践の変化を流れの中で捉えることを意識している研修アドバイザーもいました。研修前に園長や主任など、鍵になる人から話を聞くことで、課題を共有して研修に臨むこともできます。

　研修終了後、次への課題の提示や「お土産」「宿題」を示し語ることで、保育者がその後も継続して保育中に考えられるような投げかけもしています。それによって、保育者は実践の試みを図り、その記録を取ることで子どものおもしろさや保育のおもしろさを捉えられる、といった好循環が生まれています。

■園外の学びや
　ネットワークにつなげ
　風通しを良くする

　研修アドバイザーは、複数の園や地域、行政などの研修講師を兼ねていることも多いので、様々な事例や知識をもっています。そのため、「こんな取り組みもあるよ」と外部の知識や実践を紹介し、その園の文脈とつないで考えることも可能です。

　また、保育者が園外で受講した研修と園内研修での体験をつなぎ、有効な学びの往還を意識することで、園内に新たな知識や風が入ることもあります。研修アドバイザーや園外研修に参加した保育者個人の知から、園の皆が知の共有をし、学びを深めることもできます。

　ここに挙げた共通性以外にも、先達の知恵に学ぶことができます。大切なことは、研修方法のノウハウだけではなく、どのようにワクワクの渦を職員と研修アドバイザーが一緒につくっていくことができるか、協働探究の旅なのです。

　園で研修アドバイザーを有効活用し、相互の知に学び合いながら、全国の様々な園で学び合いのネットワークが広がっていくことに期待したいと思います。

第**3**章
園内研修からの広がり
〜他園から互恵的に学び合う
コミュニティの形成〜

園内研修を自園だけで完結させずにひらくことで、
学びが広がっていきます。
ここでは、保育参観を通して園同士が
研修でつながる静岡市の「連鎖型研修」の事例と、
園と園の園内研修をつなげるソニー教育財団の
「ネットワーク型研修」の事例を紹介します。

第2章では、園の中での園内研修に
研修アドバイザーがどのようにかかわっているか、
その特徴や共通性を述べてきました。

日本では、園内研修の一環として公開保育や公開研究会を行い、
参観した他園の人たちと対話を通して学び合ったり、
園外の人に向けて事例報告をしたりすることが大事にされてきました。
現在では、複数の園が地域で、団体で、
あるいは同じ興味・関心をもつ園同士がつながり合って、
学び合うことも増えてきています。
下図のように、研修アドバイザーは、各園の知をつなぐ役割を担っています。
同時に、園の保育者も他園の実践や探究に刺激を受けて、
主体的に「自園でもこうしてみよう」
「こんなことができるのではないか」と
考えられるようになるという学びの連鎖が生まれます。

第3章では、筆者がかかわってきた保育者の学びのコミュニティを
2つ紹介し、その意義を考えたいと思います。

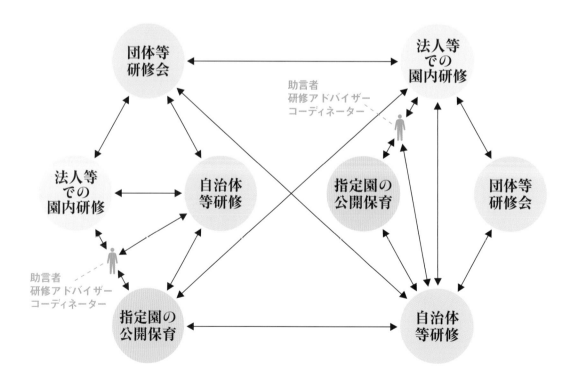

保育参観を通して園同士が研修でつながる「連鎖型研修」
（静岡市の事例から）

静岡市では、2015年に公立の幼稚園と保育所が、すべて公立の認定こども園へ移行しました。その流れの中で、地域の保育の質向上につなげるために、幼稚園と保育所の文化の違いを超えた園内研修が行われました。東部と西部の2ブロック内の2つのこども園を拠点園として、市から2年間の研修指定を受け、それぞれの園が自分たちで決めたテーマに沿って研究を行い、公開保育が行われました。

拠点園の保育参観では、各園のミドルリーダーとなる主任が集まって意見交換が行われました。また、新任保育者の研修も兼ねていたため、午前中に保育参観、午後は保育参観を題材とした保育協議が園外の参加者も交えて行われました。さらに2年目には公開保育を行い、自分たちの取り組みについて事例を発表しました。

この研修には、本書、第2章（45～47ページ）でも紹介している研修アドバイザーの1人である大竹節子先生と筆者の2名が8年間継続してかかわっています。

自治体による指定研修は、多くの場合、対象期間が終了すると予算も研究もストップしてしまうという課題があります。こちらの研修ではその反省を踏まえて、期間終了後にもその後の様子を報告する機会を設けることで、研修の持続性が図られてきました。

研修で保育者が園の垣根を越えて学び、自園の保育の質向上に取り組んだ試みには、大きく分けて3点のポイントがあります。1点目は、園の遊び中心の保育のために室内戸外の環境の工夫を学び合うこと、2点目は、保育記録の取り方の工夫について問題意識を共有し、園独自の様式の開発を試み、研修の進め方の工夫を行ったこと、そして3点目は、各園が独自の研究テーマでその探究の過程を見える化することで、そのテーマの理解を深めるとともに、それを通して自園の独自性や卓越性は何かを考え、自ら発見していったことです。

園の室内戸外の環境の工夫を学び合う

コロナ禍の影響もあり、遊びの充実に向けてどの園でも園庭の環境改善が試みられました。その際、費用をかけずに地域の方々に呼びかけて素材等を提供していただくこと、その代わりとして、その素材で遊ぶ子どもの様子のドキュメンテーションを、素材の提供者にも伝え、地域とのつながりを深めていく試みが行われました。

❶は服織中央こども園が園庭改造のた

めに地域や保護者に協力を依頼した文書です。地域や保護者への呼びかけをきっかけに、その地域の園ならではの園庭づくりの工夫が始まりました。

❷は東新田こども園の様子で、地域から素材の無償提供を受けて、園庭づくりを工夫しています。可動遊具を増やすことで、「保育者が環境を構成する」という発想を超えて「子どもたち自身も環境の共同構成者である」という意識が、保育者の中に生まれていきました。

そうした意識は、公開保育に参加することで、静岡市立園全体に広がっていくこととなります。静岡市ならではのみかん箱ケースや、お茶パックなども使用されていきました。そうした流れの中で、大きな園庭改革に取り組む園も出てきました。

❸は2021年の服織中央こども園の園庭環境改善の様子です。こちらの園の公開保育を参観した由比中央こども園の保育者が、自園でも築山にすべり台を作り、さらにブランコの工夫をしたいと考えました。そして、服織中央こども園の保育者を次年度の園内研修の講師に招き、園庭改善の工夫に取り組むという動きが生まれました。

研修の成果が各園に波及する中で、保育室だけではなく、園庭にも各年齢の「遊びの拠点」を設ける動きが生まれていきました。室内だけに置いてあった製作材料を、可動式ワゴンを使って戸外に出したり、廃材を園庭と室内の境界に置いてみるなど、普段の保育環境の内容や位置のいろいろな見直しも、園間を越えて広

❶ 地域や保護者に協力依頼

（服織中央こども園）

❷ 無償提供の素材で遊ぶ

（東新田こども園）

❸公開保育の参観をきっかけにした園庭改善

「もっとわくわくプロジェクト」 ―【築山プロジェクト】 ―

服織中央こども園の
公開保育

由比中央こども園の
園庭改善

がっていきます。

　例えば、❹の服織中央こども園の写真では、2歳児が自分の高さで遊べるように、タイヤとたらいを組み合わせています。これが❺の由比中央こども園では、1歳児が安心して遊べる個人砂場として、タイヤを1段にして取り入れられています。このように実際に参観することで、環境やかかわりを積極的に自園に取り入れていく学びの連鎖が生まれています。

❹2歳児用にタイヤとたらいを
　組み合わせた遊具

（服織中央こども園）

❺1歳児用にタイヤ1段の
　個人砂場

（由比中央こども園）

探究から自園の独自性を認識する

　公開保育後の協議会に参加することで、どのように参観した実践を見て協議するのかについても検討が進みました。各園でも自由に話すだけではなく論点を深める工夫も行われるようになってきました。例えば、グループ協議を行う時に途中でいったん止めて、より深めるために「問い」をさらに焦点化して問い返すことがなされました。

　各年齢や各実践に応じて問いを立てていくことで、研修を深めるポイントが明確になり、具体的な姿がより実践的に捉えられ語り深められていくようになりました。

　また、各園が自園の研修テーマに即した記録様式を開発し、それを公開保育協議の時に参観者も使用してみて、体験することで、研究園の視点を共有できるようになりました。それらをそのまま園に持ち込むわけではありませんが、各園が自園の立地や条件にもとづく独自性や、研修の進め方を一層意識するようになりました。これは、他園のまなざしを感じることで、自園の良さに気付き、学びを深めるプロセスとも言えます。

　例えば、高部こども園では、「やりたい思いを存分に出しきる～主体的に遊ぶ・自分の力を発揮する～」を研修主題として、2年間の探究が行われました。これまで休耕地となっていた田んぼに目を向けます。そして、子どもが遊び込む様子と支援を捉えるために、❻のようなシートを作り、日々のドキュメンテーションを活かしながら、分析を進めました。

　特に、田んぼという地域の場に探究を絞り込み、子どもの遊び込む姿を写真や文字で記録したものを整理してできたのが、「田んぼカリキュラム」です。年間を通して各年齢がどのような経験ができたかということを改めて見ると、SDGsにもつながり、今後の幼小連携接続カリキュラムへの園独自の方向が見えてきました。

　2例目❼の登呂こども園では、「子どものひらめきがつながる環境」として、子どものひらめきが見られた場面を検討しました。どのようにひらめきを探究できるか検討し、シートを1年目から2年目へと修正しながら工夫して作っています。

　一方で、自園で公開保育をしても、1年次の園内研修では参加できる職員が少ない、読み取る事例が少ない、という課題が浮かび上がりました。そこで2年次5月の園内研修では、昼間の時間を活用して、研修を2日間に分けて行いました。

3 【子どもの育ちの見通しと高部こども園の遊び込む姿〈遊びの一例〉】 〜げんき田んぼカリキュラムと関連して〜

青字…保育者の環境構成、援助

	学年目標		遊びの具体	気付き	予測・推察・確認・分類・探究	規則性と法則性の活用
	子どもの育ちの見通し（人・もの・こと との関わりの姿）		遊びに込む具体 遊びを育む支える援助	心が動く・興味関心 ＜一緒に気付き、五感を育むための環境＞	試行錯誤 ＜見通しを予測しながら 表現する環境づくり＞	＜子どもと一緒に 環境を再構成＞

3歳児　自分のやりたい遊びを見つけて楽しむ

学期	育ちの姿
1学期	個の安定 ・園生活に期待、緊張、不安 ・生活リズムが自分に分かり好きな遊びで遊び始めるようとする
2学期	個の安定・自己充実 ・園生活を楽しみに好きな遊びを見つけようとする ・自分の思いを出し好きな遊びを楽しむ
3学期	自己充実・自己表現 ・友達と一緒に遊ぶことを喜ぶ

【3歳児・事例②】「なんかおかしい！」
雨上がり、初めて模型で水に入ったりして遊ぶ中で、砂利や泥が混ざっていく感触の違いに驚く。

「ジャリが入ってる」「ダメ入れたよ」
・ぷるぷるサラサラ触ってみたり、砂利や泥が混ざったり、サラサラと調子で全部入らない違いに、だれでもいい、と満足している。

「ほら、音がした！」
赤い水をボウルにいれてみて、配の中をボウルで水をすくってる音がすることに気付く。体重をかけて押すと力で音が出ることを発見。

・子どもの近くな姿を見立て友達に知らせたり。

【3歳児・事例①】「しゃぼんだしてる！」「ハッスルボールみたい！」
・砂いた泥に気付く。体験を再現しようとしたり、それぞれの発見が広がるようにする

「トンネルできるかな」
水とものの大面を変化させたり砂場で作ったりにも。斜面が何に見えたのか、それがなぜなのかに注目する。
ジャンベベや竹やで音をトンネルに音が始まる。
・子どもの・ことに没頭している時には、次にやりたいことが見つかり、その遊びを保障する時間、場所、探究する姿勢を大切にする

4歳児　自分の力を発揮し、友達と一緒に遊ぶ

学期	育ちの姿
1学期	自己表現・自己充実（個） ・今までの遊びを繰り返す ・友達のしている遊びに興味をもったり、取り入れたりする
2学期	自己充実（気の合う数人） ・好きな遊びを見つけて進んで遊ぶ ・気の合う友達と取り組んだり、一緒に楽しんで遊んだりする
3学期	自己充実・他者意識（小集団） ・友達と同じ思いをもって遊び、みんなで遊びを楽しむ

【4歳児・事例①】「明日も色水つくろう」
色水遊びを繰り返すことを楽しんだり、とりの出た色を保存する。
・色水遊びが継続するように、摘んだだけでは、冷蔵で保存する。色の違う花を混合する色の変化を見ながら、色水作りを続ける。

「どんな色ができるかな」
赤や青を作りたい、とりの出た色をきれいに出したい、黄色ぽい、花の名前でたとえーー、の色。色を味わいながら、花の色の混色しられしたり。
・色見本の植物にも目を向けられるような場をつくる

「色が変わった」
開園のヤマモモやピンク、緑の実を溶かしてーー「黄色っぽい」「赤っぽい」、黒い実をつくってーーき色にーー。果物の色に見立て「いちごジュース」「ぶどうジュース」と。お茶をにがにがになって、お客さんになって気付きを深める。

「ちょうちょのジュースやさんでーす。」
花の種類がいろいろとしたとしたりの色の違いを楽しんで。花の果を水の色にしぼり、お店屋っこを開始したり。本物に近づけるようアクリルストーンなどを準備することでイメージが広がる

【4歳児・事例③】「そらいろピックやろう」
クラスの大縄や異年齢児に「もってる思いから応援する」もらうために、自分を自らを見つめてーーり、伝えたい竹竿を増やしたりしながら準備をする

5歳児　自分の力を友達と共に発揮し、遊びの目的をもって遊ぶ

学期	育ちの姿
1学期	自己判断・自己発揮・他者意識・自己実現 ・気の合う友達の中で、自分の思いや考えを出し合えるように思い、ぶつかりながら遊びをしていく
2学期	自己判断・自己発揮・他者意識・自己実現 ・友達と思いを出し合い、目的に向かって友達と遊びを進めながら遊びを楽しむ
3学期	自己表現・達成感 ・友達と共通の目的をもち、互いに自分の力を出したり、遊びの内容が豊かになる ・友達と共に認め合って進める

【5歳児・事例①】「清水に聖火ランナーの映像が...」
オリンピックの映像を育つにオリンピックの映像を育つに興味をなオリンピックの競技的に興味。「やってみたい」という思いを。
・新聞記事や映像をクラスの音でイメージを共有できるようにする

「アーチェリーやってみたい！」
弓矢が遠くへ飛ぶように、輪ゴムの数やゴムの太さを変えてーー、矢の素材を工夫したり。的までの距離をどうしたら飛ぶか遊ぶ。
・子どもたちが自然がある様々な素材を準備し、疑問を投げかけたりする

【5歳児・事例③】「くっつき虫 アーチェリー」
散歩を見つけてセンサとくっつき虫のくっつく特性を活かしたリ作りや弓をつくったり作りたいーー、「カメラーやてみたいーーと矢を作って遊ぶ」
・これまでに気付いた子ども遊び自然の特性に感覚的に気付く子どもの姿を認め、次の遊びへの意欲を引き出す

【5歳児・事例②】「がんばってつくりたい！」
友達の大縄や異年齢児に応援する「もっていたいいという思いから放送したり、自分自身を受けて。映像をコマ等のかしら運びしいことにチャレンジしていく

「すごいね！いいね！」
・がんばり変や自分なりのあてを認めたって取り組む姿を具体的に認めり、周りに伝える場を用意したりすることで達成感や達成感を感じている

（高部こども園）

❼記録様式の開発

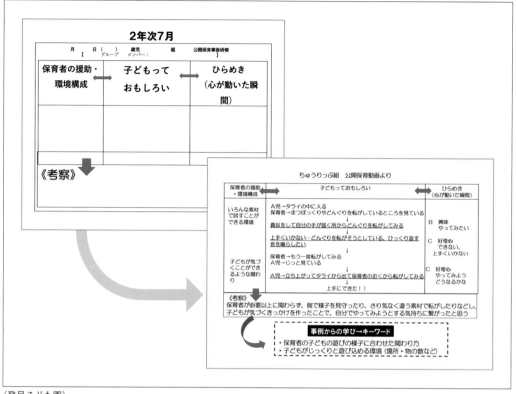

（登呂こども園）

パートや保育補助の職員も含めてグループを分け、すべてのクラスの事例を検討できるようにする、公開保育のグループを工夫し、なるべく多くの職員がそこに参加できるようにするなどの工夫を試みています。

しかし、それでも公開保育に参加できない職員がいました。そのため、「公開保育プラス」と名づけ、日々保育を支えている早番、休憩番、遅番の保育教諭対象に追加研修を行った結果、いつも早番や遅番の時間で見ている子どもの印象と違ったことや、子どもの行動を待つことの大事さなどが共有されるようになってきています。園外にひらいて学ぶことで、実は園内にも参観できない職員がいることも意識化されることになり、そこから自園の研修方法の工夫が生まれています。

ここでは、限られた事例の紹介しかできませんが、静岡市の地域のネットワークは、現在、私立幼稚園・こども園・保育所にも広がってきています。また、自治体では、地域内でのネットワーク強化を図り、新たに５年間の振興計画を作って、園相互の学び合いを後押ししています。長期ビジョンのもと、自治体がハブとなってネットワークを形成することで、学びの連鎖と地域の園間コミュニティが生まれています。

園と園の園内研修を
つなげる
「ネットワーク型研修」
（ソニー教育財団の事例から）

次に紹介する事例は、自治体や団体などの既存の、制度的な枠組みの中でつながり合う学びのコミュニティとは異なる例です。同じ興味・関心やビジョンをもった園が集まって、触発し合い学び合うネットワークを考えてみたいと思います。本書・第2章（42〜44ページ）で登場した大豆生田啓友先生も、筆者と共にこのネットワークに講師としてかかわっておられます。

「科学する心を育てる」を テーマにした継続的な活動

ソニー教育財団は特定の公益財団なので、その特徴を活かして「科学する心を育てる」をテーマに応募論文を募り、その審査によって優秀園等を表彰する事業を21年間継続して行っています。筆者はその立ち上げからかかわってきました。立ち上げ当初から「賞金をもらって終わり」「お墨付きを付けて終わり」ではなく、各園の次の探究につながるようにと、当時はまだ珍しかったデジタルカメラやプロジェクターなど、研修で活用できる商品が賞品として提供されていました。

また、園規模は問わず、受賞園には保育実践や研究を外部に公開することを受賞の条件としてきました。さらに、応募論文の中で特に興味深い事例を集めた事例集を毎年発行し、応募園各園の事例などをメールマガジンで配信するなどの取り組みを継続して行っています。コロナ禍で、また、それ以降今も、SNSなどで積極的に発信し、ネットワークをつくっています。なおコロナ禍では事例や研究発表はオンライン公開でしたが、現在は、公開保育を参観するための旅費支援も行っています。

1つ目の事例が、自治体という枠のある中での学びであるのに対し、この2つ目の事例は、園間に、自由で緩いつながりをもたらしていると思います。その中でも興味深いことは、自園の保育の質向上につながる学びの機会として、探究の一助となるよう、論文に連続応募している園が一定数あるという点です。

研修の構造化が 図られた

この20年を振り返ると、「科学する心」を学校の理科の前倒しと捉えることはほぼなくなり、論文に含まれる写真も、記念撮影的な写真から、子どもの学びの物語を具体的な出来事で捉えようとするものに変わってきました。

そして事例の記述だけでなく、保育者の解釈も書き加えられ、園全体で探究と振り返り、見通しがなされる探究型の取り組みになってきています。その中には、園全体の実践の取り組みと同時に研修を構造化して示すことや、家庭との連携、小学校や地域、専門家との連携などの実践も含まれています。さらに、デジタル機器の活用も、「科学する心」を含んだ保育実践の中に入っています。これら実践からは、園の探究の過程も読み取ること

ができます。そうした変化は、だれでも、どこからでも、ホームページに掲載された実践論文を読めるということも影響しているのかもしれません。

　また、❽にある「視点をもって子どもの姿を観る」では、同じ対象物に対して年齢による視点の変化を語り合うことや、主体性や創造性などの大きな概念を実践に引き寄せて具体的に語り合うことを行っています。❾のように、転がる遊びが年齢によってどのように違うのだろうと探

❽ 研修による実践探究の手順

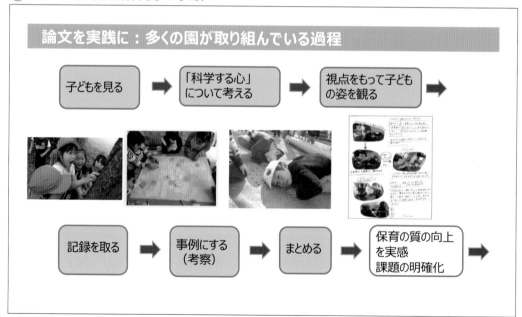

論文を実践に：多くの園が取り組んでいる過程

子どもを見る ➡ 「科学する心」について考える ➡ 視点をもって子どもの姿を観る ➡

記録を取る ➡ 事例にする（考察）➡ まとめる ➡ 保育の質の向上を実感 課題の明確化 ➡

出典：「科学する心を育てるってなんだろう？」ソニー教育財団20周年記念オンラインセミナー　科学する心の20年
　　　秋田喜代美　2022（「科学する心を育てる」実践事例集より抜粋）

❾ 遊びの動きに注目する

0歳児：穴の開いた箱にポットン、コロコロ遊び

1歳児：「フーしたら」コロコロ遊び

2歳児：ペットボトルと蓋でコロコロ遊び

3歳児：友だちと手をつなぎグルグル回ってドテッと転がる

4歳児：段ボールや椅子を使って坂を作って転がす

5歳児：園庭の斜面を使って坂を作る。転がり方、転がす場所、斜面に使う物など工夫する

出典：「科学する心を育てるってなんだろう？」ソニー教育財団20周年記念オンラインセミナー　科学する心の20年
　　　秋田喜代美　2022（「科学する心を育てる」実践事例集より抜粋）

❿ 研修による実践探究の手順

出典：「科学する心を育てるってなんだろう？」ソニー教育財団20周年記念オンラインセミナー　科学する心の20年
　　　秋田喜代美　2022（「科学する心を育てる」実践事例集より抜粋）

究し、❿のように園の職員皆で参加し、共有する姿が報告されています。

これらは日々の実践そのもののあり方を振り返り、問う中から、特におもしろかったり、大事にしたかったことに目を向けて、園として事例を持ち寄り、対話するからこそ見えてきた、園としての知の創造の１つと言えるでしょう。今、研究のためではなく、専門家としての「保育実践者による、保育実践のための実践の探究」が求められていて、それをどのように支援できるのかが問われています。

園によって異なる「気づき」の捉え方

子どもの気づきをおもしろいと捉える園はたくさんあります。ですが、その捉え方や整理の仕方が違うからこそ、他園の資料を見て、なるほどと感じたり、語り合ったりすることができるのでしょう。

例えば⓫のa園では気づきをプロセスで捉えています。それに対して⓬のb園では、気づきの質の年齢や期による違いを、いろいろな事例から捉えています。そしてb園では、何年か気づきに注目しているうちに、自分たちの捉え方自体を問い直しています。「これはおもしろいね」と探

究の視点で見ることで、さらに学びは深まっています。これらの多くの園は外部助言者が入っているわけでも、外からこれに応募するよう求められているわけでもありません。

しかし、そこに先行の実践事例があり、その探究を行った保育者から生の声を聴いたり、保育を観る機会があったりすることによって、保育者の学びが互いに触発され深まっています。

研修アドバイザーに求められる大事な役割とは

保育者自ら、園自らが、ネットワークに能動的に参加する主体となる、そのためのプラットフォームをデザインすることが外部の研修アドバイザーに求められる大事な役割になっていくと思います。

無理のない形で行うために、園内の有志で腹を割って語れる会を始め、ほかの職員がだんだんそこに入っていくというようなインフォーマルな取り組みから始めている園もあります。その時に大事なことは、保育者同士で交流する場が、施設類型を越えていろいろな形で開かれていることではないでしょうか。

特定のことに興味・関心をもった保育者や園が共に学び合うプラットフォームは、オンラインの普及によりアクセスしやすくなっています。その中で質向上をめざし、聴き合い、支え合う学びの場をつくり、園外と園内をつないでいくことは、研修アドバイザーに求められる役割です。研修アドバイザーとして、どのように深い学びをチームとしての園に保障できるのかが問われています。

⑪a園：気づきをプロセスで捉える

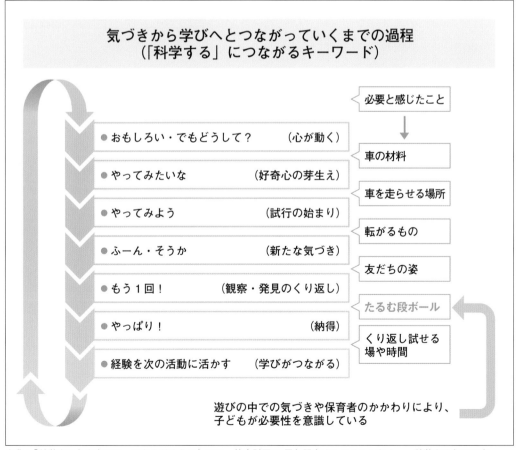

出典：「科学する心を育てるってなんだろう？」ソニー教育財団20周年記念オンラインセミナー　科学する心の20年
　　　秋田喜代美　2022（「科学する心を育てる」実践事例集より抜粋）

⑫b園：気づきの質を年齢や期による違いで捉える

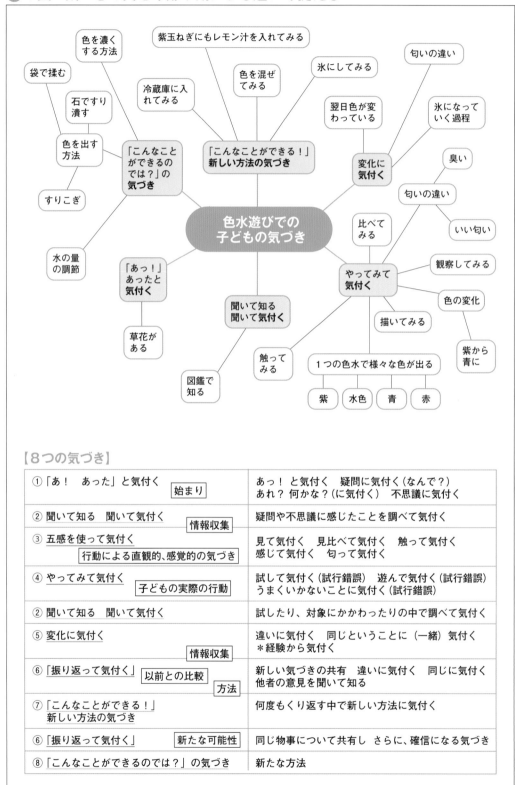

【8つの気づき】

① 「あ！　あった」と気付く　　　始まり	あっ！と気付く　疑問に気付く（なんで？） あれ？何かな？（に気付く）　不思議に気付く
② 聞いて知る　聞いて気付く　　　情報収集	疑問や不思議に感じたことを調べて気付く
③ 五感を使って気付く 　　　行動による直観的、感覚的の気づき	見て気付く　見比べて気付く　触って気付く 感じて気付く　匂って気付く
④ やってみて気付く 　　　子どもの実際の行動	試して気付く（試行錯誤）　遊んで気付く（試行錯誤） うまくいかないことに気付く（試行錯誤）
② 聞いて知る　聞いて気付く	試したり、対象にかかわったりの中で調べて気付く
⑤ 変化に気付く 　　　情報収集	違いに気付く　同じということに（一緒）気付く ＊経験から気付く
⑥ 「振り返って気付く」　以前との比較 　　　　　　　　　　　　方法	新しい気づきの共有　違いに気付く　同じに気付く 他者の意見を聞いて知る
⑦ 「こんなことができる！」 　新しい方法の気づき	何度もくり返す中で新しい方法に気付く
⑥ 「振り返って気付く」　新たな可能性	同じ物事について共有し　さらに、確信になる気づき
⑧ 「こんなことができるのでは？」の気づき	新たな方法

出典：「科学する心を育てるってなんだろう？」ソニー教育財団20周年記念オンラインセミナー　科学する心の20年　秋田喜代美　2022（「科学する心を育てる」実践事例集より抜粋）

第**4**章

学び上手になるための
園長の知恵
～紹介事例を俯瞰しながら～

自園の研修を実り多いものとし、より一層、保育の質向上を図るためには、
園長は、研修アドバイザーとどのように協力し、
いかに活用すべきなのでしょうか。
研修アドバイザーとしてもご活躍の大竹節子先生、大豆生田啓友先生に、
それぞれの視点からアドバイスをいただきます。

大竹節子先生の視点

自園の課題を受け止めてくれる人をセッティング

秋田：まずは第2章を読んで感じたことから教えてください。

大竹：私自身、幼稚園、そしてこども園の前身である幼保一体型施設の園長を経験して、東京都教職員研修センターに勤めてきました。園長をはじめ管理職は、園のコンサルティング的な役割をとる人を求めていると思っています。そして、事例からもそれを再確認できました。

園長の仕事は教育・保育の方向性を探ったり、職員を育成したり、保護者や地域との対応など多岐にわたり、1人だけではとても対応しきれないのが実情です。園長に知恵を授けてくれる人、サポートしてくれる人を見つけることが、園の安定した経営につながるのだなと強く思いました。

秋田：園長は外部の人材をうまく活用する必要があるということですね。具体的にどのような方法が考えられるでしょう。

大竹：園の課題と向き合っていただける人を園に招聘し、職員との出会いをセッティングすることから始めます。それがきっかけで園は活性化していきます。

実際、私が園長をしていた時、「今度、秋田喜代美先生に研修に来ていただくことになったよ」と職員に伝えると、皆すごく楽しみにして元気になりました。秋田喜代美先生は職員にとって憧れの存在なので、自分の保育のいちばん工夫したところを伝えたい、見てもらいたいとワクワクしていました。

園長の大切な仕事は、日頃からアンテナを張り巡らしてネットワークを広げておき、困った時に助けてくれる人、力を貸してくれる人を見つけることだと思います。

園の外にいるからこそ園の課題が見えてくる

秋田：大竹先生は東京都教職員研修センターのアドバイザーとして園に入る経験をたくさんされています。園長とは逆の立場で、外部から園をどう見ていたか教えていただけますか。

大竹：研修センターに勤めている5年間に、アドバイザーとして150か所以上の園を訪れました。多くの園を訪問しているうちに、園に近づいたあたりから、その園の様子が自然と感じ取れるようになっていました。

まず、登園時の親子の会話などから、保護者が園をどのように評価しているかがわかります。朝は皆さん急いでいて、取り繕う余裕がないから本音が出てしまうのです。園に期待して「今日も楽しみだね」と通ってくるのか、そうではないのかが、手に取るようにわかります。

園に着いて玄関に足を一歩踏み入れた途端、その園に「人を温かく迎え入れる

広い視野で見た園の良さ、保育者の良さを見出し、伝えていくのが研修アドバイザー。（写真／静岡市立清水こども園・静岡県）

「体制」があるかどうかもわかります。ただわちゃわちゃと慌ただしさが伝わってくる園、なかなか対応してくれる人が出てこない園は、子どもや保護者を大事に迎え、送り出す雰囲気がありません。

一方で、園の畑で採れた夏野菜を玄関に展示しておもてなしの心もちを表している園もあります。そのように、子どもや保護者、さらには保育者に対しても、温かく迎え入れる雰囲気のある園の保育は、落ち着いていることが多いのです。

その後、保育を30分も見れば、おおよそその園の課題がわかります。自園の課題に気付いていない園もあるので、なるべく早い段階で課題をキャッチし、上から目線ではなく、共に歩む姿勢を意識しながら伝えるようにしていました。

秋田：伝え方で工夫していたことはあり

ますか。

大竹：課題だけでなく、その園の強みや良さも発見してフィードバックするようにしていました。長く園長をしていたので、子どもや職員の良い部分を見つけてほめるのは得意なんです。

言葉だけでほめても説得力がないので、保育の様子をビデオに撮って一緒に見たり、これまで見てきた園と比較したりしながら、職員自身が納得できるように話をしていました。

時代が求めている保育の方向性をキャッチして、園の保育がリンクしている部分を伝えることも意識していました。広い視野から見た園の良さを伝えられるのは、自分が園の外にいる人間だからこそです。

当時の上司から言われていたのは、「研修アドバイザーとして園を訪れたからに

は、明日から保育が変わるようにしなければならないんだよ」と。一見ハードルが高いようだけれども、外から人が入ってきただけでも風通しが良くなって、園の困り事が解決していく可能性はあるのではないかと思います。

職員一人ひとりの良さが発揮できるように

秋田：自園の良いところや、これから改善していくべきところがわかるという点で、外部の人材を活用することは人間ドックにかかるのと同じ意味合いがあるのかもしれませんね。

　一方で、園の職員全員が同じ熱量で保育に向かっているわけではないと思います。外部から園に入る時に、だれをつなぎ手につながりをつくっていますか。

大竹：私の場合、園長あるいは園のリーダー層とのつながりを大事にしています。事前に30分ほどかけて、リサーチしておきます。園長が課題だと感じていること、解決したいと思っていることを、自分の中に落とし込んでおくのが第1ステージです。

　そこから園の課題の解決に向けて職員にアプローチしていくのですが、職員は私から学ぶわけではない、ということ。私という研修アドバイザーがいなくなったら元に戻ってしまうのでは意味がないからです。そこで、私がファシリテーターの役割を担いながら、職員同士が互いに学び合えるような集団づくりを意識し、研修を進めていきました。

　ほかのクラスの保育を見たり、考え方を知ったりすることで、学べることはたく

さんあります。「保育の仕事は生涯にわたって学び続けていくことが大切」だと思っているので、保育者自身で学ぶ力を付けていかれるようにしていました。

秋田：それは、どのような手法なのでしょうか。

大竹：大人数の集団は、声の大きい人、力のある人、自信のある人ばかりが発言して、そうではない人は下を向いている、という状況になりがちです。

　そこで、少人数に分けて話し合いをする「グループカウンセリング」の手法を取り入れていました。少人数だからこそ悩みを打ち明け合ったり、深いところを掘り下げて話し合ったりできます。

　このように、職員一人ひとりに寄り添い、それぞれがその人自身の個性を発揮できるようにしていくのは、園長時代から人が育つ仕組みとしてずっと心がけてきたことです。

園長はそこにいることに意味がある

秋田：その園がより良くなるために、アドバイザーとして真摯に向き合っていらした大竹先生の姿が目に浮かぶようです。

　園長にはどのようにかかわってほしいと思っていましたか。むしろ、その場にいないほうが職員同士の対話が活発になるなど、ありましたか。園長のタイプによっても違うと思いますが……。

大竹：なるほど。それでも、園長がいないのは困ります。園長は、園にとっての「表札」のようなものです。私立の園でしたら、そこに広告塔としての存在意義も加わり

ます。つまり、「そこにいてもらう」ことが大事なのです。

　園内研修では、必ず園長に話をしてもらっていました。その日の保育を褒めてもらうのです。園長は職員一人ひとりをよく見て、その良さを認めていくことを大事にしてほしいと思います。

　園長職に就いてからも、できれば保育の現場にいたい、子どもと一緒にいたい、という方は多いのです。でも、園長は園を育てるのが仕事。

　私自身は園長時代、極端なことを言えば、自分の家族より園の職員のことをよく知ろうとしていました。いまだに、あの先生はどうしているのかなあ、と思い出しますよ。幸いみんな元気に活躍してくれているのでうれしく思っています。

秋田：そうでしたか。今日は先生の手の内をすべて見せていただいた気がします。

　結局のところ、園長職に必要なものは何でしょうか。

大竹：公正さとバランス感覚です。人に対する公正さ、ものごとに対する公正さを保ちつつ、最大限の常識をもって園を運営していく力が必要です。えこひいきがダメなのはもちろん、感情の起伏もあり過ぎないほうが、周りは安心して付いていくことができます。

　人間力というか、人として魅力的であることも大切です。一朝一夕で身に付くことではないのですが、「そうありたい」と努力していく姿勢はもっていてほしいですね。

職員が外に出て学ぶ機会を後押しする

秋田：園長は職員を園の内側で育てると同時に、外に出して育てることも意識していかなければなりませんね。

大竹：そのとおりです。私も、職員はどんどん外に出てネットワークを広げてほしい、たくさんの園の保育を見てきてほしいと思っていました。井の中の蛙にならないためにも、ほかの園の保育者との出会いや講師の話を聞くことを通して、自分たちの保育を振り返る機会が必要です。

　私が園長時代、もう15〜20年ほど前のことですが、園の職員が中国の幼稚園を見に行ったんです。正規の職員だけでなく、非常勤の職員も一緒に行きたいというので「行ってらっしゃい」と送り出しました。

　帰国してすぐ、「園長先生、大変です、日本はこんなことしていられません」と大騒ぎ。興奮しながら、隣国中国で見聞きした保育を話してくれました。みんなで「へぇー」と、興味深く話を聞きました。とても新鮮でした。

　だれかが外に出かけて得た知識をもち帰ってくれると、園の中にそれが伝わり広がるんですよね。外で得た経験を中に還元してもらうことの良さを実感しました。

秋田：それは刺激になりますね。

大竹：園長は、時代の大きな流れのなかで、自園のストーリーを見据えていく必要があると思います。園を持続可能な組織にしていくためにも、多方面に根っこを張りながら、職員を育てていってほしいですね。

秋田：職員の学びを支えることも、園長の大切な役割ですね。これからの保育を考えるうえで大きなヒントをいただいたと思います。貴重なお話をありがとうございました。

大豆生田啓友先生の視点

往還型の研修で保育が変わる

秋田：第2章を読んでいただいて、いかがでしたか。ご感想から聞かせてください。

大豆生田：それぞれの事例を楽しく読ませていただきました。従来の研修は、「正しい保育」というものを、外部の第三者が園に伝えるというスタイルが多かったように思います。

　ここで紹介されているのは、すでに園の中にある「よさ」を第三者が園と共に探っていくという試みです。そこに共通性があると思いました。いずれの事例からも園の保育者や子どもに対するリスペクトが伝わってきて、うれしかったです。

秋田：大豆生田先生は園の立場も研修の講師の立場もよくご存じだと思います。これからの保育に必要なのは、どのようなスタイルの学びでしょうか。

大豆生田：今、全国の園から、子どもの主体性を尊重する保育をしたい、保育の質をもっと高めたいという声が上がっています。なんとか現状を変えたいが、どこからどう変えたらいいかわからないという園も多いようです。

　その場合、園の中だけでやれることには限界があります。園長をはじめ、園のリーダー層は研修という形で外部の力をうまく活用しながら、園内をマネジメントしていく必要があります。

秋田：研修にもいろいろありますね。

大豆生田：参考になるのが、横浜市のキャリアアップ研修です。「マネジメント」という科目があるのですが、そこではマネジメントを理屈として学ぶのではなく、自園の課題を園のほかのメンバーも巻き込みながら解決する営みだと捉え直し、実際にやってみるというスタイルで進めています。

　例えば、「室内環境を変えたい」「散歩のやり方を変えたい」など具体的な課題について、研修での学びを踏まえ、園内のだれかを巻き込みながら変革に取り組んでみるのです。

　その結果を次回の研修に持ち寄り、5〜6人ずつのグループに分かれて話し合います。それぞれの事例をおもしろがったり、互いに励まし合ったりしながら学び合い、園にもち帰って再び変革に取り組みます。これをくり返し、月1回の研修が5回終わる頃には、園の保育に大きな変化が生まれています。

　このように、外部と園とを行き来しながら学びを深めていく研修を「往還型研修」といいます。ただ講師の話を聞いて学ぶだけの研修より、保育を変える効果は高いと思われます。

小さな輪をつくり、園全体に広げていく

秋田：研修での学びを園の中に持ち込み、

「共同参画者」の意識をもちながら、保育の邪魔にならない程度に子どもの中に入ったり、写真を撮ったりして、それを題材に研修を進めている。(写真／めぐみこども園・福井県)

保育を変えていくためには周囲の理解を得る必要がありますね。リーダー層はそれをどのように支えていけばよいでしょうか。

大豆生田：リーダー層の心構えとして大切なのは、「一気に保育を変えることはできない」と認識することです。

研修に参加した本人はテンションが上がって、すぐにでも保育を変えたい気持ちでいっぱいでしょう。でも、ほかのメンバーが今すぐ同じ気持ちになれるとは限りません。

先ほど紹介した横浜市のキャリアアップ研修で重要なのが、「園内のだれかを巻き込む」という部分にありました。保育を変えたいと思う時はまず、園内のだれか1人でよいので一緒にやろうと思ってくれる人を見つけ、小さな輪をつくることが大事なのです。

リーダー層はその輪を見守り、時にはそこに加わります。そして、少しずつ保育を変える手助けをしていきます。

その輪が楽しそうだったり、子どもの姿や保護者の反応から良い変化が実感できたりすると、輪は広がっていきます。

秋田：園内の共通認識を高めていくために、園内研修にICT等を用いたオンライン会議を使うのもよいですよね。

大豆生田：そうですね。園内研修というと、全員が一堂に会するものという思い込みがあるようですが、例えばオンライン会議システムなどを利用した園内研修なら、非常勤の職員も含めて参加しやすく、気軽に行うことができます。

私がお付き合いしているある園は、実践事例をもとに語り合う園内研修を月1回ペースで開催しています。非常勤の職員も参加して、園全体のチーム力が高まっている実感があります。

秋田：なるほど。月1回ペースでも、継続的に続けていることが大事ですね。ほ

かに園のリーダー層が心がけるべきことはありますか。

大豆生田：私が講師として園内研修に入る時は、リーダー層だけでなく中堅層にもマネジメントの役割を担ってもらうようにしています。実践事例なども、できるだけいろいろな人に出してもらっています。

園の中で一部の人だけが動くのではなく、みんなに出番があることが大事だからです。出番をつくることで、それぞれの人の「よさ」が浮かび上がってくるようなマネジメントが大切だと思います。

▌園のリーダー層が 地域のネットワークの主体に

秋田：園のリーダー層は、園の中と外をつなぐという重要な役割があります。そのためには、自ら外に出てネットワークを広げていくことも大事ですね。

大豆生田：ここでキーワードになるのが地域です。これからの時代、地域の中で園同士が協力し、共に学び合う関係性をつくっていくことが重要だと思っています。

ほかの園を競争相手として見てしまうことも少なくないでしょうが、人口減が進むなか、保育の場を高め合い、活性化させていくためには、特に市区町村レベルで園同士が顔を合わせて協力し合う関係性をつくることは必要不可欠です。

例えば、地域で合同の研修を企画するのも良いと思います。実践例を紹介し合ったり、保育を公開し合ったりすることで、保育の質は上がっていくでしょう。

秋田：そうなると、園のリーダー層が、地域のネットワークづくりの主体になろうと

する意識をもてるかどうかですね。

今、国の動きとして、自治体ごとに「幼児教育アドバイザー」を配置するという話がありますが、それが実現したら、養成校の先生だけでなく、園のリーダー層がその役割を担うことも考えられます。

大豆生田：園のリーダー層が地域の中でファシリテートをしていく存在になることが、ますます重要な時代になると思っています。

「幼児教育アドバイザー」については、自治体によっても違ってくると思いますが、これまで保育の分野で長く活動してきた人の中から選ばれることが多いかもしれません。経験が活かされるのは良いことですが、その人の考えややり方が強く出てしまいがちで、場合によってはマイナスとなることもあり得ます。

そうすると、上に立って教えるのではなく、現場の声や子どもの声を聞きながら一緒に保育をつくっていく「共同参画者」のような立場で現場に寄り添っていく人が求められるのではないかと思います。

その点で、必ずしも園を退職する年代の層だけでなく、30代後半から40代くらいの、現場により近い世代の人材がそういう役割を担うことも大事なのかなと思っています。

秋田：なるほど。確かにそうですね。保育者は園に勤めている時だけが保育者ではない、多様な可能性を秘めているのかもしれません。

いずれにしろ、今後、保育を活性化していくために様々な立場の方をうまく活かしていく知恵が求められてくると思いました。貴重な視点をありがとうございました。

第5章

新しい園内研修の
かたちとは

ここまで、園内研修とは何かから始まり、研修アドバイザーの
実践例や園内研修からの広がり、園での活用方法と紹介しながら、
園内研修について多角的に検討してきました。
最後に、新しい園内研修のかたちについて考えます。

「新しい」を理解するための 5つの視点

本書のタイトルは『研修アドバイザーと共に創る 新しい園内研修のかたち』となっています。では、何が「新しい」のかについて、以下の5つの視点から考えてみます。

①「3つのE」を担う 研修アドバイザー

これまで、研修にかかわる外部の人は外部講師、研修講師と呼ばれることが多くありました。外部講師と言われるように、園にとっては「外部」者です。しかも「講師」とは「何かを講じる（まとまって何かを語り、講話する）」というニュアンスがありました。これに対して「研修アドバイザー」は、園が主役で行っている園内研修をアドバイスし支えるという意味がより強くなります。保育の制度やかたちも子どもや家族のあり方も急激に変化していく時代だからこそ、知識伝達よりも、園のもっている知恵や可能性を引き出すエンパワメントに関与する役割を担うと言えるでしょう。研修アドバイザーこそが、そのかかわる園についての最も良き学び手の1人であり、園や保育者それぞれの可能性を具体的な実践から学び続け、それを言語化し、園の中の人と対話すること

でその可能性や卓越性をどのようにしたらより伸ばせるのかを一緒に考える、園のファンの1人であるということです。

これは、「共に創る」には、1度きりの講演で終わるのではなく、継続的に園の置かれている状況やその良さ、悩み事、課題も理解した上で一緒に考えていく、という長期的、持続的なスタンスが大事ということを意味しています。

上記の意味でも、これからの研修アドバイザーには、3つのE（Excellence, Engagement, Empowerment）が求められます。その園の卓越性（Excellence）を見抜くこと、熱意をもってその園にかかわり続け（Engagement）、その園の良さを引き出していくこと（Empowerment）です。

②「園内研修のかたち」も 共にデザインする

また、これまで研修アドバイザーは、園の保育実践の内容や活動のあり方をアドバイスすることが主な役割として述べられてきました。しかし、第2章の12名の方々は、各々、園の意見や要望を活かしながら研修の方法やあり方も一緒にデザインされています。つまり、研修アドバイザーは、研修の協働デザイナーでも

あります。写真や動画、環境図やシート、記録など、それぞれに保育者が共に学び合う時のツールや材料を園と共に準備しながら対話を進めておられます。またその時に、研修アドバイザーは外部者だからこそ、その園の外部の地域、園で行われていることを知っており、その中から、その園でもやってみるとおもしろいことを紹介していくことで、新たなかたちを生み出していくこともできます。

● ● ●

これまでの❶、❷は、研修アドバイザーがどのような役割を担うかというところでの園内と園外をつなぐ新しいかたちや視点の提案でした。これに対し、園長や保育者が、園内から園外との学びの場づくりをする新しいかたちもあります。

❸ 園長や保育者が園内と園外の研修をつなぐネットワークに参画する

園はこれまでも、団体や地域の研修にも参加してきています。ただその園外と園内をどのようにつなぐのか、園内と園外の知の往還や対話についての視点は、必ずしも強くはありませんでした。しかし、団体や自治体が企画した単発研修に参加

するというかたちから、できるだけ一定期間継続したメンバーが研修に出て本音の対話を重ねるようにすることで、園長や保育者が探究的に学ぶ場ができてくるということが言えます。園の事例を相互に紹介し合いながら他園の事例を自園のほかの職員とも共有、交流する場を設けることで、園内研修の中により新たな「知」や「風」を入れることもできます。これは、この頃、キャリアアップ研修やミドルリーダー研修などのいろいろな場で試みられてきているかたちかと思います。例えば、第4章で対談してくださった大豆生田先生が行われている探究事例交流の往還型研修はまさにこの好例と考えられます。また、園の事例を交換する場合もあれば、第3章で示した静岡市やソニー教育財団の事例のような公開保育の相互参観なども、その1つのかたちと考えられます。

❹ 園外オンラインプラットフォームでの研修のかたちや内容を、園内研修のあり方に活かす

❸と似ていますが、オンライン等を活かすことで、これまでは越えられなかった地域や施設類型の壁を越えた園外研修

を行い、そこに園から保育者が参加し、その知恵を持ち帰って園内の研修を豊かにしていくという方法もあります。本書では詳細をご紹介できませんでしたが、新潟大学附属幼稚園と、長岡市、三条市、見附市、東京大学大学院教育学研究科附属発達保育実践政策学センターは、各園がオンライン研修で毎回数本の動画を共有し、それを見て話し合う「遊びの扉」研修を年3回、4年間継続して行っています。継続的に同じメンバーが語り合う研修を行っていますが、すべてオンラインであるからこそ、広域の多様な保育を相互に知ることができます。動画を提供するのはいろいろな年齢のクラスであり、様々な地域の園です。その研修参加者は、園内研修で動画を共同視聴して活用することもでき、また、園外のオンライン研修の知見を園内で具体的に共有することもできます。一方で、これまで数分の短い動画を使った研修をしたことがなかったが、今後、うちの園でもやってみたいなどの声も出てきています。国立大学附属幼稚園などの地域の中核園がプラットフォームをつくりながらも、施設類型に関係なく、自治体を越えて学び、語り合う園外の仲間をつくることもできます。

　本書で示した第3章のソニー教育財団の例や日本のレッジョ・エミリアネットワーク（JIREA）の例なども同様のかたちと見ることもできるでしょう。

❺ 研修アドバイザーを園相互が担うECEQ®

　研修講師、研修アドバイザーと呼ばれる人は、これまでは大学等での養成校の教員や研究者、行政等の指導主事や再任用の園長等の方が担うことが多かったのに対し、（一財）全日本私立幼稚園幼児教育研究機構のECEQ®*（イーセック）［公開保育を活用した幼児教育の質向上システム］におけるECEQ®コーディネーターのように、園長や主任、ミドルリーダーなどがECEQ®コーディネーターという資格をもつことで相互に研修のアドバイザー、公開保育での研修コーディネーターを担うといったシステムもあります。それは、園の主任やミドルリーダーも保育を観て研修を組織する専門性を培うことで、自園で活用できる専門性を磨くとともに、それが地域全体の保育の質向上にも貢献するとい

＊Early Childhood Education Quality System

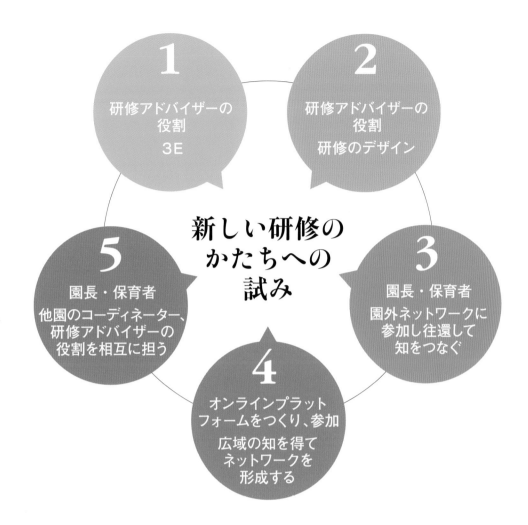

新しい研修の
かたちへの
試み

1 研修アドバイザーの
役割
3E

2 研修アドバイザーの
役割
研修のデザイン

3 園長・保育者
園外ネットワークに
参加し往還して
知をつなぐ

4 オンラインプラット
フォームをつくり、参加
広域の知を得て
ネットワークを
形成する

5 園長・保育者
他園のコーディネーター、
研修アドバイザーの
役割を相互に担う

う関係も含んでいると考えられます。

　　●　　●　　●

　以上、新たな園内研修のかたちの可能性として、園内研修を園内のものと捉えるのではなく、園外の知との交流の場であると同時に、園内の知を地域や他園にも活かしていくことで、皆が相互に豊かになっていく研修のかたちを提案してきました。

　幼保小の架け橋プログラムが始まり、園間だけではなく、小学校との対話やカリキュラム作成も動き始めています。こうした中で、園の保育がより豊かになるにはどのような可能性があるのか、園長先生や研修担当者が展望をもっていくことも大切なのではないでしょうか。

　地域の数だけ、園の数だけ多様な研修の姿があります。保育の仕事に手応えや喜びをもてる場として、だれもがやって良かったと思える園内研修をどうすれば準備できるのかが園長や保育者には問われていると思います。こども基本法元年、新たな年に新たな研修のかたちを考える動きがさらに生まれていくとよいと思います。そのかたちは決して1つではなく、また、それはイベントでもありません。時間と手間をかけて仲間でつくりあげ、かたちとなっていくものではないかと考えられます。

お わ り に

　今後、少子化による人口減少で、園には様々な機能の多機能化が求められるのではないかと言われています。しかし、多様な機能が求められたとしても、園の職員が保育理念や哲学を共有し、自園では何を大事にしていくのかを具体的な子どもの姿、保育実践の具体から考えていくことは不可欠です。その中核に、専門家の学びの場であり、園内での協働探究の場としての園内研修があると言えるでしょう。そこにおいて、保育者の深い学びを可能にするには何が必要かということを考えるのに、今回は、園の内側だけではなく園内外のつなぎ手である研修アドバイザーに目を向け、そのありようを探るとともに、さらには、それらを越えて、園長や保育者自身が園外で学びの場に参画し園内研修を豊かにしていくこと、さらにそのネットワーク形成の方向を述べてきました。

　本書の第2章にあるインタビューは、私自身がインタビューを行い、そのすべてが文字化され当方の手元にはあります。字数の関係もあり、まだ、十分にまとめきれなかったという思いがあります。また、当初12名ではなく24名ほどの先生にうかがえたらと思い、中堅・若手の先生へのインタビューも企画アイデアとしてあったのですが、結局、毎回1時間半のインタビューから雑誌原稿にまとめることが遅筆の私には困難な作業でもあり12名どまりとなりました。この点は、きっとまだまだこの本の可能性はあっただろうと残念で、自分の非力を悔いたりもするところです。しかし、私自身も研修アドバイザー経験者であり、その悩みも手応えも共有しているからこそ、共感してうかがうことができた部分もあったのではないかとは考えています。

本書では、それを研修のノウハウとするのではなく、これからの園の学びの場のあり方や、園外ともつながり合う学びのかたちを構想してきました。保育実践者の学びと育ちのコミュニティのあり方を描きたいと考えてきましたが、それがどこまで言語化でき、読者の方に伝わるものとなったかという点では反省が尽きることはありません。しかし、この着想の種が、読者の皆様のさらなるアイデアや耕しによって、日本全国でいつか花を咲かせ実を結んでいくことを願っております。紙数の都合でお名前をあげることはできませんが、園で研修アドバイザーとして当方を受け入れて学ばせていただいた園の先生方お一人おひとりに心からの御礼を申し上げます。また本書インタビューや執筆は個人で行ったものですが、この着想が生まれるまでにご一緒してきたいろいろな研究プロジェクトのメンバーの方々にも心より御礼を申し上げます。

　本書の出版に至る道のりを伴走し同行くださったフレーベル館の西川久美様、坂井克司様とこんぺいとぷらねっとの上井美穂様、鈴木麻由美様に心から感謝御礼を申し上げます。

　この本の着想が、子どもたちの笑顔あふれる園づくりへとつながる道を皆様と共に拓いていけたらと願うところです。

秋田喜代美

著者

秋田喜代美
(学習院大学 教授)

学習院大学文学部教授。東京大学名誉教授。東京大学大学院教育学研究科附属発達保育実践政策学センター初代センター長、東京大学大学院教育学研究科長、東京大学教育学部長などを歴任。現在、一般社団法人日本保育学会会長（第7代・第9代）、こども家庭庁こども家庭審議会会長、内閣官房こども未来戦略会議委員、文部科学省中央教育審議会初等中等教育分科会教員養成部会部会長など、多くのこども政策にかかわる。

表紙・各章扉イラスト／すがわらけいこ
写真／渡辺 悟（表紙、p28・29ページ）
編集協力／こんぺいとぷらねっと（上井美穂　鈴木麻由美）

🌱保育ナビブック
研修アドバイザーと共に創る

新しい
園内研修の
かたち

2023年8月16日　初版第1刷発行

著　者　秋田喜代美
発行者　吉川隆樹
発行所　株式会社フレーベル館
　　　　〒113-8611 東京都文京区本駒込6-14-9
電　話　営業：03-5395-6613
　　　　編集：03-5395-6604
振　替　00190-2-19640
印刷所　株式会社リーブルテック
表紙・本文デザイン　blueJam inc.（茂木弘一郎）

©AKITA Kiyomi 2023
禁無断転載・複写
Printed in Japan
ISBN 978-4-577-81536-6　NDC376
80p／26×18cm

乱丁・落丁本はお取替えいたします。
フレーベル館のホームページ
https://www.froebel-kan.co.jp

写真・資料協力

〈第2章〉（掲載順）
・社会福祉法人勇翔福祉会 コスモストーリー保育園（沖縄県）
・社会福祉法人千葉明徳会 明徳土気こども園（千葉県）
・社会福祉法人カナン福祉センター（香川県）
・学校法人ひじり学園（大阪府）
・東京学芸大学附属幼稚園 小金井園舎（東京都）
・杉並区立西荻北子供園（東京都）
・学校法人若草幼稚園 認定こども園若草幼稚園（高知県）
・社会福祉法人那の津会 えんぜる保育園（福岡県）
・社会福祉法人くすのき ふくろうの森こども園（佐賀県）
・学校法人柿沼学園 認定こども園こどもむら（埼玉県）
・学校法人かつみ学園 大和山王幼稚園（神奈川県）
・公益社団法人神奈川県私立幼稚園連合会（神奈川県）
・社会福祉法人高田幼児幼保連携型 認定こども園ひかり（福島県）
・学校法人南陽学園 宮内認定こども園（山形県）
・香川大学教育学部附属幼稚園 高松園舎（香川県）
・まんのう町立高篠こども園（香川県）
・社会福祉法人丸亀ひまわり会 丸亀ひまわりこども園（香川県）
・日本基督教団戸山教会附属戸山幼稚園（東京都）
・新宿区立早稲田幼稚園（東京都）
・社会福祉法人めぐみこども園（福井県）
・一般社団法人鹿児島市保育園協会（鹿児島県）
・静岡市立小島こども園（静岡県）
・静岡市立安東こども園（静岡県）

〈第3章〉（掲載順）
・静岡市立服織中央こども園（静岡県）
・静岡市立東新田こども園（静岡県）
・静岡市立由比中央こども園（静岡県）
・静岡市立高部こども園（静岡県）
・静岡市立登呂こども園（静岡県）
・公益財団法人ソニー教育財団
・学校法人支倉学園 めるへんの森幼稚園（宮城県）
・社会福祉法人喜慈会 子中保育園（神奈川県）
・社会福祉法人龍美 陽だまりの丘保育園（東京都）
・学校法人ろりぽっぷ学園 認定こども園ろりぽっぷ保育園（宮城県）
・学校法人常磐会学園 幼保連携型認定こども園常磐会短期大学付属いずみがおか幼稚園（大阪府）
・丸亀市立あやうたこども園（香川県）
・社会福祉法人長尾会 第2長尾保育園（大阪府）

〈第4章〉（掲載順）
・静岡市立清水こども園（静岡県）
・社会福祉法人めぐみこども園（福井県）

＊「第2章 研修アドバイザーが語る園内研修の秘訣〜12名へのインタビューから〜」は、月刊誌『保育ナビ』連載企画「研修講師に聞く！ 研修の真髄」（2021年4月号〜2022年3月号）の掲載原稿を元に、編集したものです。
＊p31・32の写真修正は編集部で行いました。